建设机械岗位培训教材

# 水平定向钻机安全操作与使用保养

住房和城乡建设部建筑施工安全标准化技术委员会
中国建设教育协会建设机械职业教育专业委员会　组织编写

U0330221

中国建筑工业出版社

图书在版编目（CIP）数据

水平定向钻机安全操作与使用保养／住房和城乡建
设部建筑施工安全标准化技术委员会，中国建设教育协会
建设机械职业教育专业委员会组织编写. — 北京：中国
建筑工业出版社，2021.10
建设机械岗位培训教材
ISBN 978-7-112-26507-7

Ⅰ. ①水… Ⅱ. ①住… ②中… Ⅲ. ①水平定向钻机
－岗位培训－教材 Ⅳ. ①U175.2

中国版本图书馆 CIP 数据核字（2021）第 171560 号

　　本书依据最新标准规范编写，配图丰富，通俗易懂，主要内容包括行业认知、设
备认知、施工工法认知、安全作业要求、设备操作、日常维护与保养、施工作业现场
常见安全标志、常见故障及排除方法对照表。本书可作为相关人员上岗培训教材，也
可作为相关专业师生的教学用书。

责任编辑：李　　明
助理编辑：葛又畅
责任校对：党　　蕾

建设机械岗位培训教材
**水平定向钻机安全操作与使用保养**
住房和城乡建设部建筑施工安全标准化技术委员会
中国建设教育协会建设机械职业教育专业委员会　组织编写
\*
中国建筑工业出版社出版、发行（北京海淀三里河路 9 号）
各地新华书店、建筑书店经销
北京红光制版公司制版
北京圣夫亚美印刷有限公司印刷
\*
开本：787 毫米×1092 毫米　1/16　印张：7¼　字数：176 千字
2021 年 10 月第一版　　2021 年 10 月第一次印刷
定价：**27.00** 元
ISBN 978-7-112-26507-7
（38067）

# 建设机械岗位培训教材编审委员会

主任委员：李守林

副主任委员：王　平　李　奇　沈元勤

委　　　员：（按姓氏笔画排序）

王　进　　王亚吉　　孔德俊　　邓小春　　卢　峰　　邢　锋

师培义　　刘　彬　　刘振华　　孙　健　　李明堂　　李学勤

杨春科　　肖　理　　肖文艺　　吴文增　　吴斌兴　　言建锋

张胜敏　　张莘铭　　陆全诣　　陈　刚　　陈正礼　　罗宇波

细见浩之　赵文天　　赵安全　　禹海军　　耿双喜　　耿贵军

陶　磊　　陶松林　　黄　武　　葛学炎　　程玉彬　　焦　挺

舒世平　　曾宏波　　雷振华　　谭　勇　　谭建华　　熊　君

**特别鸣谢：**

中国建设教育协会秘书处

中国建筑科学研究院有限公司建筑机械化研究分院

住房和城乡建设部标准定额研究所

住房和城乡建设部建筑施工安全标准化技术委员会

北京建筑机械化研究院有限公司

中联重科股份有限公司

三一重工股份有限公司

廊坊中建机械有限公司

山推建友机械股份有限公司

神钢建机（中国）有限公司

方圆集团有限公司

永立建机（中国）有限公司

小松（中国）投资有限公司

日立建机（上海）教育培训中心

利星行机械（昆山）有限公司

维特根（中国）机械有限公司

柳工建机江苏有限公司

徐州徐工基础工程机械有限公司

徐州徐工施维英机械租赁有限公司

徐州海伦哲专用车辆股份有限公司

中国建筑一局（集团）有限公司北京公司

广西建工集团基础建设有限公司

陕西建设机械股份有限公司

中国建设教育协会培训中心

中国建设教育协会继续教育专业委员会

中国工程机械工业协会工程机械租赁分会

中国工程机械工业协会用户工作委员会

中国工程机械工业协会施工机械化分会

建研机械检验检测（北京）有限公司

廊坊凯博建设机械科技有限公司

雄宇重工集团股份有限公司

合肥湘元工程机械有限公司

河南省建设安全监督总站

长安大学工程机械学院

沈阳建筑大学机械学院

浙江公路技师学院

北京燕京工程管理有限公司

中国建设劳动学会建设机械职业技能考评专业委员会

中国建设教育协会建设机械领域骨干会员单位

# 前　言

水平定向钻进法是目前应用最广泛的非开挖施工方法之一，已成为铺设地下管线最受欢迎的方法。该方法既可穿越河流铺设大直径长距离的油气管道，也可穿越马路铺设小直径短距离的线缆。随着市政管道建设的快速发展，非开挖行业迎来诸多挑战和机遇，管线非开挖穿越施工越来越受到重视，对水平定向钻机现场操作人员的机械化施工知识提出了更新需求。

为推动机械化施工领域岗位能力培训工作，中国建设教育协会建设机械职业教育专业委员会联合中国建筑科学研究院有限公司建筑机械化研究分院、北京建筑机械化研究院有限公司、住房和城乡建设部建筑施工安全标准化技术委员会共同设计了建设机械岗位培训教材的知识体系和岗位能力知识结构框架，启动了岗位培训教材研究编制工作，得到了行业主管部门、高校院所、行业龙头骨干厂、高中职院校会员单位和业内专家的大力支持。本教材全面介绍了该领域的行业知识、职业要求、工法原理、设备操作、日常维护与保养、安全作业及设备在各领域的应用，对于普及机械化施工作业知识将起到积极作用。

本教材由北京建筑机械化研究院有限公司于景华主编，中国建筑科学研究院有限公司建筑机械化研究分院张磊庆、徐州徐工基础工程机械有限公司张继光任副主编。长安大学工程机械学院王进、中国地质科学院勘探技术研究所于好善、北京建筑械化研究院有限公司王平担任主审。

本教材包括六章和两个附录，具体编写分工如下：第一章由北京建筑机械化研究院有限公司于景华、徐州徐工基础工程机械有限公司李根营编写；第二章由北京建筑机械化研究院有限公司于景华、刘承桓，徐州徐工基础工程机械有限公司马云龙编写；第三章由徐州徐工基础工程机械有限公司马云龙、中国建筑科学研究院有限公司建筑机械化研究分院张磊庆、杨晶晶、孙昕编写；第四章由北京建筑机械化研究院有限公司于景华、徐州徐工基础工程机械有限公司李明编写；第五章由徐州徐工基础工程机械有限公司张继光、马滔、张永华编写；第六章由徐州徐工基础工程机械有限公司马滔、奥瑞拓能源科技股份有限公司尹永清、王建楠编写；附录一由徐州徐工基础工程机械有限公司李明、中国建设教育协会建设机械职业教育专业委员会于国红、杜文文、王肖妹、唐绮、王金英编写；附录二由徐州徐工基础工程机械有限公司张永华、中国建设劳动学会建设机械职业技能考评专业委员会夏阳编写；全书由于景华统稿。

本教材编写过程中得到了中国建设教育协会秘书处、中国建设教育协会建设机械职业教育专业委员会各会员单位、徐州徐工基础工程机械有限公司、中国地质科学院勘探技术研究所廊坊聚力勘探科技有限公司、奥瑞拓能源科技股份有限公司、长安大学、沈阳建筑大学等单位的大力支持。

本教材既可供施工作业人员上岗培训使用，也可作为高中职院校相关专业教材。因水平有限，编写过程如有不足之处，欢迎广大读者提出意见和建议。

# 目 录

# 第一章 行业认知

## 第一节 产品简史

20世纪70年代以前，各种地下管线主要使用传统开挖方法进行施工，首先在地表挖槽（沟），然后将管线放入槽（沟）中，最后进行土方回填及地表恢复。随着社会经济的持续快速增长及城镇化进程的加快，各类管线铺设需求增长迅速，而传统的开挖施工在穿越自然保护区、文物保护区、河流、高速公路、铁路时存在很多不便，甚至无法施工。虽然普通的公路、城市道路可以开挖，但开挖造成的噪声、粉尘、交通堵塞、环境污染、安全等问题会对附近的居民造成严重困扰。

采用非开挖技术可以在不开挖或少开挖地表的条件下，进行新管道铺设或旧管道的更换。与传统开挖方法相比，具有施工周期短、综合成本低、不影响交通、不破坏环境、不影响居民的正常生活等优点，特别是对于大埋深的管线，经济效益显著。其可用于给水排水、电力、通信、能源、电信等各类管道的铺设、更新和修复，还可用于地热资源开发、环境治理、隧道工程等领域，是地下管线施工领域的一次重大技术创新。

非开挖技术主要包含新管铺设（水平定向钻进、顶管、盾构、气动冲击矛、螺旋顶管、潜孔锤、夯管等技术）和旧管修复及更新技术，其中水平定向钻进法是目前应用最广泛的非开挖方法之一。

水平定向钻进技术（HDD）在美国于1971年首次应用，当时一条直径101.6mm、长187.5m的钢管，需要穿越位于加利福尼亚州沃森维尔（California Watsonville）附近的拉哈罗河（Rajaro river），由于不允许破坏地表环境，所以不能采用常规的开挖方式，于是油田钻井的原理被首次应用于管道穿越，水平定向穿越也因此而诞生。随后经过不断发展，尤其是技术和装备的不断改进和完善，到20世纪80年代中期，该技术在发达国家逐渐为人们认可和接受，从而得以迅速推广，并以其独特的技术优势和广阔的市场前景得到了世界各国的重视。随着石油钻井技术、现代探测和导向技术的不断发展，今天水平定向钻进工艺已成为铺设地下管线最受欢迎的方法，其既可以穿越河流铺设大直径长距离的油气管道，也可以穿越马路铺设小直径短距离的线缆。

我国于1986年石油管道穿越黄河工程中，首次引进了一台美国RB5定向穿越铺管钻机。而水平定向钻进技术在我国的真正应用，是在1993年由中国电信工程建设项目中引进国外设备而开始的。我国水平定向钻进技术借助于基本建设大发展的良好机遇，于1994年拉开了这一新兴产业链的序幕。

我国早期的水平定向钻进技术装备主要依靠进口。自2003年开始，国产中小型水平定向钻机逐渐取代进口设备，国产辅助配套机具在技术和质量上也有很大进步和提高，有力地推动了我国自主产业链的进程。

随着我国管道建设的发展，尤其是我国管道建设史上划时代的"西气东输"工程，给非开挖行业带来了重要机遇，管道非开挖穿越施工越来越受到重视。随着我国非开挖行业人员的不断探索和研究，该技术在实践应用中得到发展和提高，利用管道专用的水平定向钻进行穿越施工，已成为管道穿越的一种主要方式。

## 第二节　行业现状

国际上非开挖设备制造企业主要位于美国和欧洲，美国有 Ditch Witch、Vermeer、Auger、Union 等公司，欧洲有 TT、Prime 等公司。

国外水平定向钻机产品推拉力范围 35～5000kN，产品系列齐全，另外还有专用的钻进规划软件和完善的施工工法。且设备的主要特点是智能化，可以实现自动锚固、自动钻杆装卸、钻杆自动润滑、泥浆流量数字调控、远程停机等功能。其产品自动化程度高、安全保护功能齐全、动力头旋转速度高、整机可靠性高。

国内生产水平定向钻机的厂商虽然很多，但具有较高的设计技术和制造水平的厂商较少。目前，国内开发的定向钻机设备大多属于低性价比产品，设备的智能化和自动化水平以及设备的可靠性和安全保护性能等，与国外设备相比还处于较落后的状态。

国内生产水平定向钻机的厂家有徐州徐工基础工程机械有限公司、深圳市钻通工程机械股份有限公司、德威土行孙工程机械（北京）有限公司、上海谷登建筑机械制造有限公司、南京地龙非开挖工程技术有限公司等。

徐州徐工基础工程机械有限公司（以下简称徐工集团）是国内工程机械龙头企业，生产的非开挖产品有盾构机、水平定向钻机、顶管机，其中徐工集团的水平定向钻机是国内智能化程度最高的设备，且徐工集团参与水平定向钻机相关的产品行业标准、施工标准及安全标准编制工作，生产的水平定向钻机最大回拖力范围 80～10000kN，产品系列全，智能化程度高，特别是采用了数字化操作界面，显示直观，极大地方便了用户的操作使用。

## 第三节　发展趋势

随着科学技术的不断进步，设备制造业也逐渐应用先进的制造、控制技术取代传统技术。特别是微电子技术的进步，使得智能化、自动化设备逐渐代替人工劳动或操作。

### 一、导向技术与主机控制技术的高度融合

此项技术将分为两步：第一步，突破钻机系统是纯钻机系统、导向仪器是导向仪器这种分割方式，导向仪将实现与车载控制器的集成，探棒的信息在用户的显示器上显示出来；第二步，实现车载控制器对导向施工的控制，在钻机的显示器上输入钻进曲线，设备将会沿着输入的曲线自动完成实际工程施工。

### 二、安全保护功能的健全

车载安全保护系统将实现突破，将传统的触电后报警升级为预先报警，即在接近高压电缆时，系统自动报警并停机，此项技术将极大地提高钻机的施工安全性。

## 三、节能降耗减排先进动力技术的应用

变功率发动机在定向钻机上得到推广和普及。随着发动机的动力输出范围变大，在小功率输出时，可实现有效节能，降低燃油消耗，减少环境污染。

## 四、自拆装运输技术的推广

大吨位水平定向钻机由于钻机自重大，超出相关交通法规定的公路运输限制，使得便捷的拆装运输技术甚至自拆装技术得以推广应用，实现钻机的快速转场。

## 五、钻机配套能力的提升

随着国内基础炼钢水平的提高，强度更高的钢管将能制造出来满足特大吨位钻机需求的钻杆。

大流量的机载泥浆泵得到普及，目前成熟机载泥浆泵最大为600L，排量更大的泥浆泵不成熟，大吨位钻机以独立泥浆泵为主，价格高昂，机载泥浆泵技术采用主机动力，省去发动机采购成本，优化后可以大幅降低采购成本。

## 六、大扭矩钻机的设计及制造

目前，大吨位水平定向钻机的施工限制主要在于施工中钻杆扭矩的限制，一旦大扭矩的钻杆得到应用，钻机的扭矩也将得到提高，从而施工效率得到极大提高。

## 七、新工法的推广

水平定向钻机的新工法研究正在进行。实行新工法，可以加快施工速度，例如推管辅助工法目前已得到广大用户的认可。

此外，将水平定向钻机同顶管机结合在一起的定向推管法，可以克服顶管机机头功率小的缺点。

施工后的泥浆处理，越来越受到环保部门及用户的重视，环保无污染的泥浆配方和泥浆处理设备也将得到推广。

## 八、应用领域的拓展

目前水平定向钻机除了应用于非开挖工程外，还应用于地热资源开发、环境治理、边坡治理以及页岩气、煤层气等能源开采等。

## 九、物联网技术在水平定向钻机的应用

利用车载GPS进行施工数据的有效传递与管理，利用物联网系统实现计算机的远程故障在线诊断与监控。

通过与导向技术的结合，在钻机完工后，系统能自动生成施工路线的轨迹图，并自动储存。

系统也可储存及分析各种施工参数，得到的数据可为下一次同地质条件下的施工提供有效参考。

## 第四节　从业要求

### 一、岗位能力

岗位能力主要是指针对某一行业某一工作职位提出的在职实际操作能力。

岗位能力培训旨在针对新知识、新技术、新技能、新法规等内容开展培训，提升从业者岗位技能，增强就业能力，探索职业培训的新方法和途径，提高我国职业培训技术水平，促进就业。

国家实行先培训后上岗的就业制度。根据住房和城乡建设部最新的建筑工人培训管理办法，工人可由用人单位根据岗位设置自行实施培训，也可以委托第三方专业机构实施培训服务，用人单位和培训机构是建筑工人培训的责任主体，鼓励社会组织根据用户需要提供有价值的社团服务。

在市场化培训服务模式下，学员可以在中国建设教育协会建设机械职业教育专业委员会的会员定点培训机构，自愿报名注册参加培训学习，考核通过后，取得岗位培训合格证书（含上机操作培训合格证）；该学习培训过程由培训服务市场主体基于市场化规则开展，培训合格证书由相关市场主体自愿约定采用。该证书是学员通过专业培训后具备岗位能力的证明，是工伤事故及安全事故裁定中证明自身接受过系统培训、具备基本岗位能力的辅证；同时也证明自己接受过专业培训，基本岗位能力符合建设机械国家及行业标准、产品标准和作业规程对操作者的基本要求。

学员发生事故后，调查机构可能追溯学员培训记录，社保机构也将学员岗位能力是否合格作为理赔要件之一。中国建设教育协会建设机械职业教育专业委员会作为行业自律服务的第三方，将根据有关程序向有关机构出具学员培训记录和档案情况，作为事故处理和保险理赔的第三方辅助证明材料。因此学员档案的生成、记录的真实性、档案的长期保管显得较为重要。学员进入社会从业，经聘用单位考核入职录用后，还须自觉接受安全法规、技术标准、设备工法及应急事故自我保护等方面的变更内容的日常学习，以完成知识更新。

国家鼓励劳动者在自愿参加职业技能考核或鉴定后，获得职业技能证书。学员参加基础培训考核，获取建设类建设机械施工作业岗位培训证明，即可具备基础知识能力；具备一定工作经验后，还可通过第三方技能鉴定机构或水平评价服务机构参加技能评定，获得相关岗位职业技能证书。

### 二、从业准入

所谓从业准入，是指根据法律法规有关规定，从事涉及国家财产、人民生命安全等特种职业和工种的劳动者，须经过安全培训取得特种从业资格证书后，方可上岗。

对属于特种设备和特种作业的岗位机种，学员应在岗位基础知识能力培训合格后，自觉接受政府和用人单位组织的安全教育培训，考取政府的特种从业资格证书。从 2012 年起，工程建设机械不再列入特种设备目录（塔式起重机、施工升降机、大吨位行车等少数几种除外）。混凝土布料机、旋挖钻机、锚杆钻机、挖掘机、装载机、高空作业车、平地机等大部分建设机械机种目前已不属于特种设备，其在不涉及特种作业的情形下，对操作者不存在行业准入、从业资格问题。

目前水平定向钻机虽不属于住房和城乡建设部发布的特种作业安全监管范畴，但该种设备如果使用不当或违章操作，会造成建筑物、周边设备及设备自身的损坏，对施工人员安全造成伤害。从业人员须在基础知识能力培训合格基础上，经过用人单位审核录用、安全交底和技术交底，获得现场主管授权后，方可上机操作，参与施工作业。

### 三、知识更新和终身学习

终身学习指社会每个成员为适应社会发展和实现个体发展的需要，贯穿于人的一生的持续的学习过程。终身学习促进职业发展，使职业生涯的可持续性发展、个性化发展、全面发展成为可能。终身学习是一个连续不断的发展过程，只有通过不间断的学习，做好充分的准备，才能从容应对职业生涯中所遇到的各种挑战。

建设机械施工作业的法规条款和工法、标准规范的修订周期一般为3～5年，而产品型号技术升级则更频繁，因此，建设行业的施工安全监管部门、行业组织均对施工作业人员提出了在岗日常学习和不定期接受继续教育的要求，目的是保证操作者及时掌握设备最新知识、标准规范和有关法律法规的变动情况，保证施工作业者的安全素质。

施工机械设备的操作者应自觉保持终身学习和知识更新、在岗日常学习等，以便及时了解岗位相关知识体系的最新变动内容，熟悉最新的安全生产要求和设备安全作业须知事项，才能有效防范和避免安全事故。

终身学习提倡尊重每个职工的个性和独立选择，每个职工在其职业生涯中随时可以选择最适合自己的学习形式，通过自主自发的学习在最大和最真实程度上使其个性得到最好的发展。兼顾技术能力升级学习的同时，也要注重职工在文化素质、职业技能、社会意识、职业道德、心理素质等方面的全面发展，采用多样的组织形式，利用多种教育学习资源，为企业职工提供连续不断的学习服务，使所有企业职工都能平等获得学习和全面发展的机会。

## 第五节 职业道德常识

### 一、职业道德的概念

职业道德是指从业人员在职业活动中应该普遍遵循的行为准则，是一定执业范围内特殊道德要求，即整个社会对从业人员的职业观念、职业态度、职业技能、职业纪律和职业作风等方面的行为标准和要求。职业道德属于自律范畴，其通过公约、守则等对职业生活中的某些方面加以规范。

### 二、职业道德规范要求

建设部1997年发布的《建筑业从业人员职业道德规范（试行）》中，对建筑从业人员相关要求如下：

### （一）建筑从业人员共同职业道德规范

1. 热爱事业，尽职尽责

热爱建筑事业，安心本职工作，树立职业责任感和荣誉感，发扬主人翁精神，尽职尽责，在生产中不怕苦，勤勤恳恳，努力完成任务。

2. 努力学习，苦练硬功

努力学文化、学知识，刻苦钻研技术，熟练掌握本工种的基本技能，练就一身过硬本领。努力学习和运用先进的施工方法，钻研建筑新技术、新工艺、新材料。

3. 精心施工，确保质量

树立"百年大计、质量第一"的思想，按设计图纸和技术规范精心操作，确保工程质量，用优良的成绩树立建筑业工人形象。

4. 安全生产，文明施工

树立安全生产意识，严格安全操作规程，杜绝一切违章作业现象，确保安全生产无事故。维护施工现场整洁，在争创安全文明标准化施工作业现场管理中作出贡献。

5. 节约材料，降低成本

发扬勤俭节约优良传统，在操作中珍惜一砖一木，合理使用材料，认真做好随手清、现场清，及时回收材料，努力降低工程成本。

6. 遵章守纪，维护公德

要争做文明员工，模范遵守各项规章制度，发扬团结互助精神，尽力为其他工种提供方便。提倡尊师爱徒，发扬劳动者主人翁精神，维护国家利益和集体利益，服从上级领导和有关部门的管理。

### （二）中小型机械操作工职业道德规范

（1）集中精力，精心操作，密切配合其他工种施工，确保工程质量，使工期如期完成。

（2）坚持"生产必须安全，安全为了生产"的意识，安全装置不完善的机械不使用，有故障的机械不使用，不乱接乱拉电线。爱护机械设备，做好维护保养工作。

（3）文明操作机械，防止损坏他人和国家财产，避免机械噪声扰民。

### （三）车辆驾驶员职业道德规范

（1）严格执行交通法规和有关规章制度，服从交警及工地指挥。

（2）严禁超载，不乱装乱卸，不出"病"车，不开"争气"车、"英雄"车、"疲劳"车，不酒后驾车。

（3）服从车辆调度安排，保持车况良好，提高服务质量。

（4）树立"文明行驶，安全第一"的思想。

# 第二章　设备认知

## 第一节　设备概述

水平定向钻机是目前应用广泛的非开挖施工设备之一，利用安装在地表的钻机设备，配套钻杆、钻具和导向系统，在地下钻进形成钻孔后回拖管线进行铺设，是目前长距离柔性管道最常用的非开挖施工设备。

整个施工过程除水平定向钻机外，还需要众多设备仪器配合完成。本教材主要以国内最为常见和使用最为广泛的履带式水平定向钻机为介绍对象。

## 第二节　术语和定义

本节内容根据中国地质学会非开挖技术专业委员会（CSTT）《非开挖技术术语》（2015年版）中水平定向钻进设备仪器的术语整理。

### 一、水平定向钻机

用于定向钻进地层并铺设地下管线的机械。

### 二、履带式水平定向钻机

自行的履带式水平定向钻机。

### 三、拖式水平定向钻机

非自行的水平定向钻机，主机安装在拖车底盘上，由一台装有司机室的牵引车拖行。

### 四、整体式水平定向钻机

主机与动力站为一体的水平定向钻机。

### 五、分体式水平定向钻机

主机与动力站分开的水平定向钻机。

### 六、主机

实现推进、回拖、旋转等主要工作机构的集成。

### 七、动力站

提供主机实现作业功能的动力源。包括内燃机、泥浆泵和空压机等。

## 八、动力头

为钻杆提供扭矩和推拉力的驱动装置。

## 九、最大回拖速度

在回拖方向上无负载时动力头的最大移动速度。

## 十、最大推进速度

在前进方向上无负载时动力头的最大移动速度。

## 十一、操作台

用于安装操控钻机各种开关按钮的操控平台。

## 十二、底盘

为水平定向钻机提供移动和支撑重量、附件及载荷的机器。

## 十三、钻架

水平定向钻机上的结构件，可将旋转和推进/回拖力传递给钻杆组。

## 十四、地锚板

用于锚固钻机的钻架前端的板形组件。

## 十五、虎钳

布置在钻架前端，用于夹持、拆卸钻杆的机构。

## 十六、随车吊

安装于钻机前部，用于吊钻杆钻具的小型吊车。

## 十七、钻杆

用于连接钻机和孔底钻具的尾部带有螺纹的钢管杆件，能够承受巨大的内外压力、扭曲、弯曲和振动。

## 十八、钻具

为导向钻进、扩孔钻进等目的而配置的仪器和机械工具。

## 十九、钻头

用来切削地层岩体的工具，包括导向钻头和扩孔钻头。

## 二十、导向钻头

用于导向钻进的钻具，可配套安装探棒，通常设计有斜面或弯曲结构，具有斜向钻进的能力。

### 二十一、扩孔钻头

连接在钻杆前端，用于逐级扩大钻孔直径的钻头。

### 二十二、分动器

用户连接管道与回拖钻具的装置，一端转动、一端不转，避免钻机回拖管线时对其产生转动扭矩。

### 二十三、探棒

位于导向钻头后端，用于检测钻头深度、温度、倾角、工具面向角和电源状态等信息，并且可将信息发送给地表接收仪的棒形电子组件。

### 二十四、接收仪

用于接收并显示孔底探棒发送的信息的仪器。

### 二十五、入土侧

靠近钻机，钻杆钻入地面的位置。

### 二十六、出土侧

远离主机，钻杆组钻出地面的位置。

### 二十七、回扩

向回拖动比已形成的孔径大的机具，以扩大孔道的过程。

### 二十八、钻进角度

机器在操作（作业）位置上，钻杆与地面之间的夹角。

### 二十九、最大主轴扭矩

所测得的使主轴停转的最大主轴扭矩。

### 三十、最大主轴转速

所测得的每分钟的最大主轴转数。

### 三十一、推进力

所测得的阻止动力头沿前进方向移动的最大作用力。

### 三十二、回拖力

所测得的阻止动力头沿回拖方向移动的最大作用力。

### 三十三、钻杆直径

钻杆的最小外径。

### 三十四、钻杆接头端直径

钻杆接头端外侧的最大直径。

### 三十五、钻杆公称长度

钻杆的公称（连接）长度。

### 三十六、钻杆壁厚

钻杆断面的公称壁厚（不包含接头端）。

### 三十七、钻杆弯曲半径

由公式计算所得的钻机在作业过程中钻杆组的弯曲极限。

### 三十八、回扩直径

扩孔钻头形成的孔的最大直径。

### 三十九、钻机工作质量

主机带有加足油的液压油箱和燃油箱，机器钻杆箱配齐时的质量。

### 四十、接地比压

钻机的工作质量除以接地面积。

### 四十一、钻杆组

一根或多根连接在一起的钻杆，可将作用力从钻架传递到钻削地层的钻头或回扩钻头。

## 第三节  钻机分类

水平定向钻机有多种分类方法，既可按设备的主要工作参数（最大回拖力）来划分，也可按主机的运输方式来划分，还可按照水平定向钻机的结构形式来划分。

### 一、按主要工作参数划分

水平定向钻机的施工主参数有：推进力/回拖力、推进速度/回拖速度、主轴转速、主轴扭矩等。在水平定向钻机分类时，主要以回拖力来划分，见表2-1。

钻机主要工作参数分类表      表 2-1

| 钻机分类 | 最大回拖力（t） | 设备特点 |
|---|---|---|
| 微型钻机 | ≤10 | 结构紧凑，主要用于城市小型市政管线铺设 |
| 小型钻机 | 10～40 | 结构紧凑，主要用于城市短距离市政管线铺设 |
| 中型钻机 | 40～120 | 用于城市中较大直径、较长距离的管线铺设 |
| 大型钻机 | 120～400 | 用于主干管道铺设 |
| 特大型钻机 | ＞400 | 用于国家大型主干管道铺设 |

注：中国地质学会非开挖技术专业委员会《水平定向钻进技术规程》（2015 年版）分类。

## 二、按主机运输方式划分

按主机的运输方式可分为履带式水平定向钻机和拖式水平定向钻机，如图 2-1 和图 2-2所示。

图 2-1　履带式水平定向钻机　　　　图 2-2　拖式水平定向钻机

## 三、按钻机结构形式划分

水平定向钻机按不同结构形式可分为整体式水平定向钻机和分体式水平定向钻机，如图 2-3 和图 2-4 所示。一般情况下，中小型水平定向钻机为整体式水平定向钻机，超大吨位的水平定向钻机一般为分体式水平定向钻机。

图 2-3　整体式水平定向钻机　　　　图 2-4　分体式水平定向钻机

## 第四节　设备构成

以常见的小型整体式履带式水平定向钻机为例，其整机主要由底盘、钻架、动力头、发动机系统、钻杆自动存取装置、钻杆自动润滑装置、虎钳、锚固装置、钻具、液压系统、电气系统及泥浆系统等部件组成，如图 2-5 所示。

图 2-5　钻机结构图

## 一、底盘

水平定向钻机的底盘是指机体与行走机构相连接的部件，其将机体的重量传给行走机构，并缓和地面传给机体的冲击，保证水平定向钻机行驶的平顺性和工作的稳定性。底盘是水平定向钻机的骨架，用来安装所有的总成和部件，使整机成为一个整体。

水平定向钻机底盘结构一般为液压驱动，刚性连接式车架，底盘主要包括车架及行走装置。如图 2-6 所示车架为框架焊接结构，上面有发动机、油水散热器、燃油及液压油箱、操纵装置等的安装支架；底盘的行走装置主要包括驱动轮、导向轮、支重轮、托链轮、履带总成、履带张紧装置及行走减速机、纵梁等，行走装置中左、右纵梁分别整体焊接后，与中间整体框架式车架用高强度螺栓连接成为一个整体车架。底盘的车架后端有两个蛙式支腿或两个垂直的支腿，可有效降低支腿部分重量并简化结构，水平定向钻机工作时支腿支起，增强整车的稳定性。底盘的行走减速机目前一般用进口的内藏式行星减速机（包括液压马达）或两点式变量马达减速机，行走时能够实现行走快慢双速，输出扭矩大、结构紧凑。底盘的橡胶履带有两种结构方式可选择，一种是整体式橡胶履带；另一种是组合式橡胶履带。二者相比，前者结构简单，节距较小，车架高度较低，但后者强度高，可承受更大的载重量，损坏后可以更换，驱动轮、导向轮、支重轮、履带张紧装置均可直接配套。底盘的履带张紧装置由张紧液压油缸、张紧弹

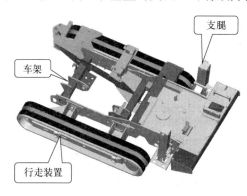

图 2-6　底盘示意图

簧、导向轮、油杯等组成。

## 二、发动机系统

水平定向钻机的发动机系统一般包括发动机、散热器、空滤器、消声器、燃油箱等，如图 2-7 所示。一般水平定向钻机设计时，发动机选用增压水冷涡轮发动机或选用国产康明斯公司的增压中冷发动机。为了适应不同用户的需求，也可安装广西玉柴机器股份有限

公司、潍柴动力股份有限公司等的发动机。其散热器、空气过滤器等附件选用国产配套件，燃油箱自制。

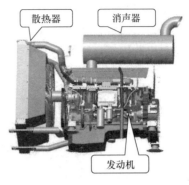

图 2-7 发动机系统示意图

## 三、动力头

一般由一个高速马达驱动减速机，由减速机驱动动力头，由减速箱输出轴驱动钻杆转动，输出轴是中空的，如图 2-8 所示。动力头有以下功能：驱动钻杆钻头回转；承受钻进、回拖过程中产生的反力；泥浆进入钻杆的通道。

## 四、钻杆装卸结构

水平定向钻机钻杆装卸结构一般由钻杆箱、钻杆起落架、能伸出缩回的梭臂、钻杆列数自动选择装置等组成，如图 2-9 所示。国内外各厂家的结构不尽相同，主要在钻杆的存取、输送上有差别，有的采用人工存取钻杆、人工装卸钻杆方式作业，不仅效率低，而且增加了操作人员的劳动强度；有的采用四连杆结构存取钻杆，但其普遍利用弹簧的回缩力作为夹紧力，经常出现钻杆脱落等事故，工作不可靠，不但影响作业效率，而且可能引起已钻孔的坍塌、埋钻等重大事故；有的采用旋转结构输送钻杆，该结构可较方便地装卸钻杆，减轻操作者的劳动强度，提高工作效率，且采用柔性进给装置，协调性较高。其需对钻杆的升降、梭臂的伸缩、动力头的位置、装卸完成的检测等功能进行逻辑控制，实现多动作间的自动切换，控制系统采用先进的 PLC 控制。

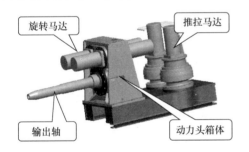

图 2-8 动力头示意图

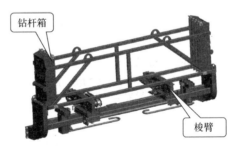

图 2-9 钻杆装卸结构示意图

## 五、虎钳

水平定向钻机的虎钳位于钻机的前部，由前、后虎钳组成，如图 2-10 所示。前、后虎钳均可由液压油缸径向推动卡瓦来夹持钻杆，且后虎钳可在液压油缸的作用下与前虎钳产生相对旋转，前后配合以便钻杆拆卸。

## 六、锚固装置

水平定向钻机锚固装置在作业时对整机起稳定、锚固作用，提高整机作业稳定性，该部件位于整机的前端，如图 2-11 所示。目前各厂家普遍采用的是螺旋钻进结构；用低速大扭矩马达驱动螺旋杆，用液压油缸施加推、拉力进行钻进或钻出，各厂家在具体结构上略有差别。另外，水平定向钻机锚固装置在配合整机外形的设计上，一般采用两种方案：一种是地锚阀放在锚固装置，结构布置方便，布管容易；另一种是地锚阀另行放置，如放在发动机罩内等，彻底改变了主机的造型和外观。

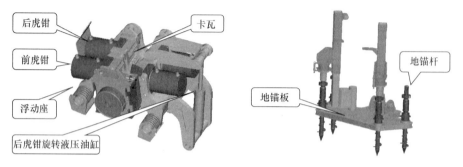

<table>
<tr><td>图 2-10　虎钳示意图</td><td>图 2-11　锚固装置示意图</td></tr>
</table>

## 七、导向系统

水平定向钻机的导向系统目前有手持式跟踪系统和有缆式导向系统，如图 2-12 所示。

手持式跟踪系统经济，使用方便，但需要操作人员直接到达钻头上方地面进行信号接收，易受地形、电磁干扰及探测深度的限制，多在中小型钻机上使用。

有缆式导向系统是通过线缆供电和传递信号，不需要到钻头上方地面接收信号，因此可跨越任意地形，不受电磁干扰，但设备结构复杂，使用操作有一定难度，效率低，价格高。

图 2-12　导向系统示意图

## 八、泥浆系统

水平定向钻机的泥浆系统由泥浆搅拌系统与泥浆泵送系统组成，如图 2-13、图 2-14 所示。泥浆搅拌系统用于泥浆混配、搅拌并向随车泥浆系统提供泥浆；泥浆泵送系统将泥浆加压，通过动力头、钻杆、钻头打入孔内，以稳定孔壁，降低回转扭矩、拉管阻力，冷却钻头，并通过逆向循环清除钻进时产生的土屑。

小型定向钻机采用随车泥浆系统，通过液压驱动；大型定向钻机采用独立式泥浆泵，通常配以柴油机。

泥浆搅拌系统的要求：搅拌系统应具有搅拌快速均匀、提供大流量泥浆、可调节泥浆配比、搅拌与输送同时进行等功能。搅拌系统装置包括料斗、汽油机泵、搅拌罐、车载泥浆泵、相关管路等。

图 2-13　泥浆搅拌系统

图 2-14　泥浆泵送系统

# 第五节　应用范围

## 一、应用领域

水平定向钻进技术是目前非开挖管道穿越施工领域的主要技术手段之一，广泛应用于电力、通信、天然气、石油以及城市供排水等管线铺设工程，尤其适用于压力管道这种对管线埋设精度要求相对较低的工程。对于污水管等重力式管道，由于其管线埋设精度要求较高，水平定向钻机施工适用性较低。

## 二、适用工况

非开挖施工的目的是在不开挖地面的情况下直接在地下铺设管道，通常是在地表或地下局部存在障碍物而不宜开挖铺管时才使用的施工技术。目前管道施工时使用该技术穿越的障碍物主要包括河流、公路、山体、街道以及重要或不可拆除的建筑物等。

## 三、适用地层

水平定向钻进的工程风险相对较高，其主要原因在于复杂的施工地层和不可预测的特殊地下环境对施工安全的影响。施工时必须慎重选择施工地层，保障施工安全。

水平定向钻进主要适用于粉土、黏土、密实细砂土等稳定均质地层，也可用于稳定的岩石地层，但在卵砾石层和回填层等不稳定地层施工难度极大，详见表2-2。

适用地层　　　　　　　　　　　　　　　　　　　　　表 2-2

| 地层条件 | 适用 | 可行但有困难 | 难度极大 |
|---|---|---|---|
| 软土及软黏土，淤泥和有机堆积物 | | ● | |
| 中硬-硬质黏土和淤泥 | ● | | |
| 硬黏土和强风化页岩 | ● | | |
| 非常松散至松散砂层（砾石含量<30%重量比） | | ● | |
| 中-致密砂层（砾石含量<30%重量比） | ● | | |
| 松散-密实砂砾石层（30%<砾石含量<50%重量比） | | ● | |

| 地层条件 | 适用 | 可行但有困难 | 难度极大 |
|---|:---:|:---:|:---:|
| 松散-密实砂砾石层（50%＜砾石含量＜85%重量比） | | | ● |
| 松散-密实卵砾石地层 | | | ● |
| 含有大量孤石、漂石或障碍物地层 | | | ● |
| 风化岩层或强胶结地层 | ● | | |
| 弱风化-未风化岩层 | | ● | |

说明：【适用】使用常规施工方法即可在该地层中进行定向钻进施工。

【可行但有困难】在常规施工方法的基础上，需采取一些必要的技术措施，以在该地层中进行定向钻进施工。

【难度极大】在该地层不适合进行定向钻进施工。

注：参考中国地质学会非开挖技术专业委员会《水平定向钻进技术规程》（2015年版）分类。

# 第三章　施工工法认知

## 第一节　工法概述

　　水平定向钻机施工工法，是以定向钻进施工全过程为研究对象，从分析岩土地质信息出发，结合工程设计要求，合理选配机具，细化施工流程，优化泥浆工艺，并针对可能出现的常见施工问题采取必要的预防和处理措施。其最终目的在于提高施工效率和安全性，保障工程顺利进行。

　　水平定向钻机施工面对的是复杂的地下岩土环境，在了解掌握设备操作的同时，也需要对施工环境有所了解，针对不同的施工环境采取不同的应对措施是定向钻顺利施工的必要前提。

　　水平定向钻进技术是采用安装于地表的钻孔设备，以相对于地面较小的入射角钻入地层形成先导孔，然后将先导孔逐渐扩大，并通过最终钻孔在地下直接回拖铺设管道（线）的一项技术。其主要环节是：导向孔施工、扩孔施工和回拖管线，如图 3-1～图 3-3 所示。

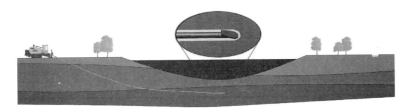

图 3-1　导向孔施工

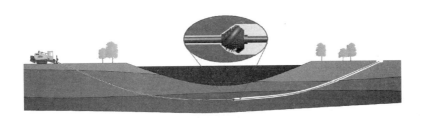

图 3-2　扩孔施工

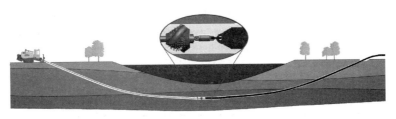

图 3-3　回拖管线

## 第二节　岩土分类及特征

### 一、岩土工程勘察

水平定向钻机施工前应进行工程勘察，包括工程地质、水文地质、地形、地貌勘察和地面建（构）筑物、地下管线探测等，并对施工场地做出工程地质评价并提供相应的岩土参数。工程勘察应符合现行国家标准《岩土工程勘察规范》GB 50021—2001（2009 年版）。

岩土工程勘察报告是工程勘察的主要结果，阅读该报告，是了解和掌握施工地层信息的主要手段。以下是阅读勘察报告时常见的一些基本地质知识。

### 二、土的分类及特征

土是连续、坚固的岩石在机械风化、物理风化、化学风化等一系列风化下形成的大小悬殊的颗粒，经过不同的搬运方式，在各种自然环境中沉积生成的松散沉积物。土在形成过程中，由于形成年代、物质成分、结构构造和堆积环境的不同而具有不同的工程特征。此处按《岩土工程勘察规范》GB 50021—2001（2009 年版）、《建筑地基基础设计规范》GB 50007—2011 中的分类标准将土分类为碎石土、砂土、粉土、黏性土。

#### （一）碎石土

碎石土为粒径大于 2mm 的颗粒质量超过总质量 50% 的土，根据颗粒级配和颗粒形状又可分为漂石、块石、卵石、碎石、圆砾和角砾（表 3-1）。

碎石土的分类表　　　　表 3-1

| 土的名称 | 颗粒形状 | 颗粒级配 |
|---|---|---|
| 漂石 | 圆形及亚圆形为主 | 粒径大于 200mm 的颗粒超过总质量的 50% |
| 块石 | 棱角形为主 | |
| 卵石 | 圆形及亚圆形为主 | 粒径大于 20mm 的颗粒超过总质量的 50% |
| 碎石 | 棱角形为主 | |
| 圆砾 | 圆形及亚圆形为主 | 粒径大于 2mm 的颗粒超过总质量的 50% |
| 角砾 | 棱角形为主 | |

注：定名时，应根据颗粒级配由大到小以最先符合者确定。

#### （二）砂土

砂土为粒径大于 2mm 的颗粒质量不超过总质量的 50%，粒径大于 0.075mm 的颗粒质量超过总质量的 50% 的土。根据颗粒级配又可细分为砾砂、粗砂、中砂、细砂和粉砂（表 3-2）。

砂土的分类表　　　　表 3-2

| 土的名称 | 颗粒级配 |
|---|---|
| 砾砂 | 粒径大于 2mm 的颗粒质量占总质量的 25%～50% |

续表

| 土的名称 | 颗粒级配 |
| --- | --- |
| 粗砂 | 粒径大于 0.5mm 的颗粒质量超过总质量的 50% |
| 中砂 | 粒径大于 0.25mm 的颗粒质量超过总质量的 50% |
| 细砂 | 粒径大于 0.075mm 的颗粒质量超过总质量的 85% |
| 粉砂 | 粒径大于 0.075mm 的颗粒质量占总质量的 50% |

注：① 定名时，应根据颗粒级配由大到小以最先符合者确定；
② 当砂土中粒径小于 0.075mm 的土的塑性指数大于 10 时，应冠以"含黏性土"定名，如含黏性土粗砂等。

### （三）粉土

粉土为粒径大于 0.075mm 的颗粒质量不超过总质量 50%，且塑性指数小于等于 10 的土。

### （四）黏性土

黏性土为塑性指数大于 10 的土，根据塑性指数分为粉质黏土和黏土（表 3-3）。

黏土的分类表 　　　表 3-3

| 土的名称 | 塑性指数 |
| --- | --- |
| 粉质黏土 | 塑性指数大于 10 但小于或等于 17 |
| 黏土 | 塑性指数大于 17 |

塑性指数：黏性土由于含水量的不同可以处于固态、半固态、可塑状态及流动状态。由固态转化为可塑状态的界限含水量称为塑限，由可塑状态转入流动状态的界限含水量称为液限，而塑性指数即为两者的差值，如图 3-4 所示。

图 3-4　黏性土物理状态与含水量关系图

### （五）特殊性土

**1. 黄土**

我国的黄土主要分布于西北和华北地区，黄土一般具有以下特征，缺少其中一项或几项特征的土称为黄土状土：

（1）颜色以黄色、褐色为主，有时呈灰黄色；

（2）颗粒组成以粉粒（粒径 0.005～0.05mm）为主，含量一般在 60% 以上，粒径大于 0.25mm 的甚为少见；

（3）有肉眼可见的大孔，孔隙比一般在 1.0 左右；

（4）富含碳酸盐类，垂直节理发育。

黄土在一定压力作用下受水浸湿后，结构迅速破坏而产生显著附加沉陷的性能，称为湿陷性。黄土按形成时间分为老黄土、新黄土及新近堆积黄土，一般老黄土比较稳定，无湿陷性。对于新黄土及新近堆积的黄土层，其抗水性弱，遇水容易崩解；在不含地下水的黄土层施工时，可直接进行干孔施工；在含地下水的黄土层施工时，需采用泥浆或护筒护壁施工工艺。

### 2. 红黏土

我国红黏土主要分布在南方，以贵州、云南和广西最为典型和广泛，为碳酸盐岩风化后的产物。其颜色为棕红或褐黄，覆盖于碳酸盐岩系之上，液限大于或等于50%的高塑性黏土，应判定为红黏土。

红黏土在天然竖向剖面上，表层往往呈坚硬、硬塑状态，向下逐渐变软，成为可塑、软塑甚至流塑状态；红黏土具有胀缩性，在天然状态下，膨胀量很小，收缩性很高，其膨胀势能主要是在失水收缩后复浸水的过程中表现出来的缩后膨胀，且由于其失水收缩性很高，在红黏土中，很容易出现深长裂隙。

红黏土地层可直接进行干孔作业，使用分体式钻头或螺旋钻头可解决其倒土困难的问题。

### 3. 软土

软土是指天然孔隙比大于或等于1.0，且天然含水量大于液限的细粒土，包括淤泥、淤泥质土、泥炭质土等。我国软土主要分布在沿海地区，如东海、黄海、渤海、南海等沿海地区。内陆平原以及一些山间洼地亦有分布。该类土工程特性如下：

（1）触变性，当土受到振动或扰动以后，由于土体结构遭到破坏，强度会大幅度降低；

（2）流变性，软土在长期荷载作用下，会发生缓慢流动，产生剪切变形；

（3）高压缩性，软土属于高压缩性土，压缩系数大；

（4）低透水性，软土的含水量虽然很高，但透水性差，特别是垂直向透水性更差。

在软土地层施工时，容易产生吸钻、缩径、塌孔等事故，施工中要尽量避免对土层的扰动，在钻具结构上应设置防抽吸孔或者增加流水孔。

### 4. 填土

填土系由人类活动而堆填的土。填土根据其物质组成和堆填方式可分为素填土、杂填土和冲填土三类。素填土由天然土经人工扰动和搬运堆填而成，不含杂质或含杂质很少，一般由碎石、砂或粉土、黏性土等一种或几种材料组成；杂填土为含大量生活垃圾、工业垃圾或生活垃圾等杂质的填土；冲填土又称吹填土，是由水力冲填泥砂形成的填土。一般来说，填土具有不均匀性、湿陷性、自重压密性及低强度、高压缩性等特点。

对于素填土、冲填土，施工相对简单，做好护壁作业即可；对于杂填土，其中由建筑垃圾、碎石回填的，孔壁稳定性差，大块颗粒又难以破碎，施工较为困难。

### 5. 膨胀土

膨胀土是具有显著的吸水膨胀和失水收缩两种变形特性的黏性土。其主要特征如下：

（1）土体湿度增加时，体积膨胀并产生膨胀压力；土体干燥失水时，体积收缩并形成收缩裂缝；

（2）膨胀、收缩变形可随环境变化重复发生，导致土的强度衰减；

（3）属液限大于40%的高塑性土。

膨胀土土层由于具有吸水膨胀特性，故施工时容易产生缩径、塌孔等事故，需做好护壁措施；另一方面，其失水容易产生收缩，形成裂缝，应注意做好勘察和应对工作。

**6. 冻土**

冻土主要分布在我国的东北、华北、西北等地，是指具负温或零温并含有冰的土（岩）。按冻结状态持续时间，冻土分为多年冻土、隔年冻土和季节冻土。多年冻土为持续冻结时间在 2 年或 2 年以上的土（岩），主要分布在黑龙江的大小兴安岭一带、内蒙古等纬度较高地区、青藏高原部分地区与甘肃、新疆的高山区；季节冻土为地壳表层冬季冻结而夏季又全部融化的土（岩）。

土层冻结使体积膨胀，融化使土层变软产生沉陷，从而形成冻胀和融沉作用。

冻土可分为坚硬冻土、塑性冻土以及松散冻土。松散冻土的力学性质与未冻土差别不大，施工难度不大；塑性冻土，强度不高，具有塑性，施工难度也相对较小；坚硬冻土的土粒由冰固结，土的强度高，在荷载作用下表现出脆性破坏和不可压缩性，与岩石相似，施工难度相对较大。

**（六）物理状态划分**

在对土层进行描述时，经常会根据其状态进行一定的区分，而黏性土和非黏性土由于物理性质的不同，其划分的依据也不同。

对于非黏性土，根据密度可分为：松散、稍密、中密、密实、很密。

对于黏性土，根据状态可分为：坚硬、硬塑、可塑、软塑、流塑。

## 三、岩石分类及特性

岩石是天然形成的，由一种或多种矿物组成的具有一定结构构造的集合体。岩石作为工程地基和环境介质，可按下列原则分类。

**（一）按成因分类**

可分为岩浆岩（火成岩）、沉积岩（水成岩）、变质岩三大类。

**1. 岩浆岩**

岩浆在向地表上升过程中，由于热量散失，逐渐经过分异等作用冷凝而成岩浆岩。在地表下冷凝的称侵入岩，喷出地表冷凝的称喷出岩。侵入岩按距离地表的深浅程度又可分为深成岩和浅成岩。岩浆岩分类见表 3-4。

岩浆岩的分类　　　　　　　　　　　　　　　　　表 3-4

| 深浅程度 | 结构特征 | 常见岩石 |
|---|---|---|
| 深成的 | 等粒状，有时为斑粒状，所有矿物皆能用肉眼鉴别 | 花岗岩、正长岩、闪长岩、辉长岩、橄榄岩、灰岩 |
| 浅成的 | 斑状（斑晶较大，且可分辨出矿物名称） | 花岗斑岩、正长斑岩、玢岩、辉绿岩 |
| 喷出的 | 玻璃状，有时为细粒斑状，矿物难用肉眼鉴别 | 流纹岩、粗面岩、安山岩、玄武岩 |
| | 玻璃状或碎屑状 | 黑耀岩、浮岩、火山凝灰岩、火山碎屑岩、火山玻璃 |

**2. 沉积岩**

沉积岩是由岩石、矿物在内外动力地质作用下破碎成碎屑物质后，再经过水流、风和冰川等的搬运，堆积在大陆低洼地带或海洋，再经胶结、压密等成岩作用而成的岩石。沉积岩分类见表3-5。

沉积岩的分类

表3-5

| 沉积类型＼物质成分 | 硅质的 | 泥质的 | 石灰质的 | 其他成分 |
|---|---|---|---|---|
| 碎屑沉积 | 石英砾岩、石英角砾岩、燧石角砾岩、砂岩、石英岩 | 泥岩、页岩、黏土岩 | 石灰砾岩、石灰角砾岩、多种石灰岩 | 集块岩 |
| 化学沉积 | 硅华、燧石、石髓岩 | 泥铁岩 | 石笋、石钟乳、石灰华、白云岩、石灰岩、泥灰岩 | 岩盐、石膏、硬石膏、硝石 |
| 生物沉积 | 硅藻土 | 油页岩 | 白垩、白云岩、珊瑚石灰岩 | 煤炭、油砂、某种磷酸盐岩石 |

### 3. 变质岩

变质岩是岩浆岩或沉积岩在高温、高压或其他因素作用下，经变质所形成的岩石。原来母岩经变质作用后，不仅矿物重新结晶或生成新矿物，岩石的结构、构造亦得到变化；但一般情况下，仍保存原岩的产状。

变质岩分类见表3-6。

变质岩的分类

表3-6

| 岩石类别 | 岩石名称 | 主要矿物成分 | 鉴别特征 |
|---|---|---|---|
| 片状类 | 片麻岩 | 石英、长石、云母 | 片麻状构造，浅色长石带和深色云母带互相交错，结晶粒状或斑状结构 |
| | 云母片岩 | 云母、石英 | 具有薄片理，片理上有强的丝绢光泽，石英凭肉眼常看不到 |
| | 绿泥石岩 | 绿泥石 | 绿色，常为鳞片状或叶片状的绿泥石块 |
| | 滑石片岩 | 滑石 | 鳞片状或叶片状的滑石块，用指甲可刻划，有高度的滑感 |
| | 角闪石片岩 | 普通角闪石、石英 | 片理常常表现不明显，坚硬 |
| | 千枚岩、板岩 | 云母、石英等 | 具有片理，肉眼不易识别矿物，锤击有清脆声，并具有丝绢光泽，千枚岩表现得更明显 |
| 块状类 | 大理岩 | 方解石、少量白云岩 | 结晶粒状结构，遇盐酸起泡 |
| | 石英岩 | 石英 | 致密的、细粒的块体，坚硬，硬度值近7，玻璃光泽，断口呈贝壳状或次贝壳状 |

### （二）按坚硬程度分类

岩石按坚硬程度分类见表3-7。

| 岩石按坚硬程度分类 | | | | | 表 3-7 |
|---|---|---|---|---|---|
| 坚硬程度 | 坚硬岩 | 较硬岩 | 较软岩 | 软岩 | 极软岩 |
| 饱和单轴抗压强度 $f_r$（MPa） | $f_r>60$ | $60 \geqslant f_r>30$ | $30 \geqslant f_r>15$ | $15 \geqslant f_r>5$ | $f_r \leqslant 5$ |

注：① 当无法取得饱和单轴抗压强度数据时，可用点荷载试验强度换算，换算方法按现行国家标准《工程岩体分级标准》GB/T 50218—2014 执行；

② 当岩体完整程度为极破碎时，可不进行坚硬程度分类。

### （三）按风化程度分类

岩石按风化程度分类见表 3-8。

| 风化程度 | 野外特征 | 风化程度参考指标 | |
|---|---|---|---|
| | | 波速比 $K_v$ | 风化系数 $K_f$ |
| 未风化 | 岩质新鲜，偶见风化痕迹 | 0.9~1.0 | 0.9~1.0 |
| 微风化 | 结构基本未变，仅节理面有铁渲染或略有变色，有少量分化裂隙 | 0.8~0.9 | 0.8~0.9 |
| 中等风化 | 结构部分破坏，节理面有次生矿物，风化裂发育，岩体被切割成块岩。用镐难挖，用岩心钻方可钻进 | 0.6~0.8 | 0.4~0.8 |
| 强风化 | 结构大部分破坏，矿物成分显著变化，风化裂隙发育，岩体破碎，用镐可挖，干钻不易钻进 | 0.4~0.6 | <0.4 |
| 全风化 | 结构基本破坏，但尚可辨认，并且有微弱的残余结构强度，可用镐挖，干钻可钻进 | 0.2~0.4 | — |
| 残积土 | 组织结构全部破坏，已风化成土状，锹镐易挖掘，干钻易钻进，具可塑性 | <0.2 | — |

岩石按风化程度分类　　　表 3-8

注：波速比 $K_v$ 为风化岩石与新鲜岩石压缩波波速比。风化系数 $K_f$ 为风化岩石与新鲜岩石饱和单轴抗压强度之比。花岗石类岩石，用标贯击数 $N$ 划分风化程度，当 $N \geqslant 50$ 为强风化；$30 \leqslant N<50$ 为全风化；$N<30$ 为残积土。

# 第三节　施工作业流程

对于一般的水平定向钻进工程，施工流程如下：

测量放线—场地布置—设备安装调试—导向施工—预扩孔—管线回拖—地貌恢复。

## 一、测量放线

测量放线即根据设计交底（桩）与施工图纸放出钻机场地控制线及设备摆放位置线，确保钻机中心线与入土点、出土点成一条直线。

## 二、场地布置

水平定向钻进穿越工程需要两个分离的工作场地：入土场地（钻机的工作区域）和出土场地（与设备场地相对的钻孔出土点工作区以及管道摆放区域）。场地大小取决于设备类型、铺管直径和钻进穿越长度等因素。根据工程要求确定出入土点之后划定施工场地，如果场地及道路不平整，还应进行一定的修整（例如：对于道路和较软场地，不方便施工的可以铺设钢板或砂石料来改善地面状况）。场地平整完成后进行初步区域划分，并进行施工设备的布置。

入土点场地需要充足的面积用于安放设备及施工操作，一般应保证钻进设备周围具有至少大于钻杆单根长度的操作空间，如图3-5所示。

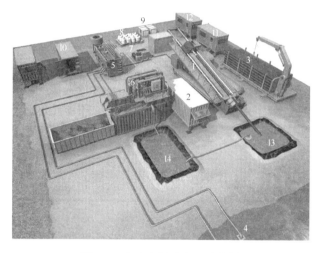

图3-5　入土点场地布置示意图

1—水平定向钻机；2—钻机操作房；3—钻杆；4—水泵；5—泥浆混配系统；
6—泥浆净化设备；7—泥浆泵；8—泥浆材料；9—发电机；10—仓库；
11—现场办公室；12—临时休息室；13—入口工作坑；14—返浆池

出土点一般在前期初步划定，当导向施工完成后再进行布置，因为导向施工出土点可能会存在一定偏差，对于出土点的布置要相对简单。除出入土点工作场地外，还应考虑管线场地，即应有足够长的工作空间便于欲铺设管线的连接，如图3-6所示。

图3-6　出土点场地布置示意图

1—返浆池；2—出口工作坑；3—托架；4—工作管线；5—施工设备；6—钻杆

## 三、设备安装调试

（1）根据工程概况，确定好施工钻机型号、钻杆数量、钻头类型等，之后选调合适的设备入场。

（2）设备入场后，按计划安放设备，根据之前放置的导向标记调整钻机，使钻机动力头中心线对准导向轨迹。

（3）连接好钻头后确定钻头入土点，开挖工作坑和泥浆排泄通道。

（4）就近寻找水源，用以配置泥浆。

（5）开钻前做好钻机的安装和调试等一切准备工作，确定系统运转正常。钻杆和钻头吹扫完毕并连接后，严格按照设计图纸和施工验收规范进行试钻，检查各部位运行情况。

（6）试钻后若各种参数正常，即可开始正式导向施工。

## 四、导向施工

（1）钻机被安装在入土点一侧，从入土点开始，沿着设计好的线路，钻一条从入土点到出土点的曲线，作为预扩孔和回拖管线的引导曲线。

（2）采用地下定向系统，施工前要确定好导向的初始参数，并对导向仪器进行校准。无线导向仪器应进行多点深度校准，以确保导向过程中数据的准确性，减少导向误差，在以上校准过程中，应避开干扰源。使用有线地磁导向系统时应确定好初始方位角。为防止钻孔时导向孔与设计穿越曲线偏移，需布置人工磁场提高导向定位精度。

（3）钻进时根据穿越的地质情况，选择合适的钻头和导向板或泥浆马达。

（4）开动泥浆泵对准入土点进行钻进，钻头在钻机的推力作用下由钻机驱动旋转（或使用泥浆马达带动钻头旋转）切削地层，不断前进，每钻完一根钻杆要测量一次钻头的实际位置，以便及时调整钻头的钻进方向，保证所完成的导向孔曲线符合设计要求，如此反复，直到钻头在预定位置出土，完成整个导向孔的钻孔作业。如图 3-7 所示。

图 3-7　导向施工示意图

## 五、预扩孔

（1）当导向孔小于回拖管线直径时，为了使钻出的孔径达到回拖管线的要求，需要用扩孔钻头从出土点开始向入土点方向将导向孔扩大至要求的直径。

（2）对于小直径的管线，可以将扩孔和回拖作业相结合，即边扩孔边回拖管线。

（3）一般情况下，使用小型钻机时，当管线直径大于 200mm，需进行预扩孔；使用大型钻机时，当管线直径大于 350mm 时，需进行预扩孔。

（4）预扩孔可一次或多次完成，最终扩孔的直径和次数（一般不超过 150mm 间隔一次）视具体的钻机型号和地质情况而定，如图 3-8 所示。

图 3-8 预扩孔施工示意图

## 六、管线回拖

（1）经过预扩孔达到回拖要求之后，将钻杆、扩孔钻头、分动器和工作管线依次连接好，从出土点开始，一边扩孔一边将管线回拖至入土点为止。

（2）进行扩孔回拖时，因为扩好的孔中充满泥浆，所以管线在扩好的孔中处于悬浮状态，管壁四周与孔洞之间由泥浆润滑，这样既减少了回拖阻力，又保护了管线防腐层，如图 3-9 所示。

图 3-9 管线回拖施工示意图

## 七、地貌恢复

（1）施工完毕后，拆除系统连接，设备撤场。可按照钻机、泥浆系统、动力系统、机具等顺序依次撤离施工现场。

（2）将泥浆池中的剩余泥浆用泥浆罐车拉运到当地环境保护部门指定的泥浆填埋场。泥浆池中残余的少量泥土混合物就地深埋。

（3）清除场地上的杂物，回填开挖的沟、渠等，分层压实，将已剥离的表层耕植土恢复到表层。

# 第四节  钻杆钻具的分类及使用

## 一、钻杆

### （一）钻杆的作用

钻杆是连接钻头和主机动力头之间的特制钢管柱，在工作过程中，钻杆主要有以下几方面作用：

（1）传递钻机的轴向推拉力和扭矩；

（2）作为向孔内输送泥浆的通道；

（3）作为有线导向仪缆线的连接通道。

### （二）钻杆的分类

目前常用的非开挖钻杆根据加工工艺不同分为整体式钻杆和摩擦焊钻杆两种。钻杆的外形如图 3-10 所示。

**1. 整体式钻杆**

整体式钻杆由一根完整的钢管通过管端加厚、车螺纹、表面处理等工序制作而成。

**2. 摩擦焊钻杆**

摩擦焊钻杆通过摩擦焊接的形式将分部加工的钻杆管体和专用钻杆接头焊接在一起,这种形式的钻杆对生产加工环节的要求比整体式钻杆低,因此钻杆自身的成本更低;此外,摩擦焊钻杆接头出现损坏时,可将损坏的接头截掉并重新焊接新的接头,钻杆的可修复性比整体式钻杆更好。

图 3-10 钻杆外形

**(三)钻杆接头结构(图 3-11、图 3-12)**

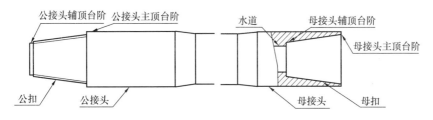

图 3-11 钻杆接头结构图

各部位名称:

(1)母接头:包括母扣、母接头主顶台阶、母接头辅顶台阶(部分含有)、水道等。

(2)公接头:包括公扣、公接头主顶台阶、公接头辅顶台阶(部分含有)、水道等。

(3)杆体:采用优质合金无缝钢管。

**(四)钻杆规格及性能参数**

不同规格的钻机所能输出的扭矩及回拖力是不同的,因此要配套相应规格的钻杆。水平定向钻机钻杆常规配置如表 3-9 所示。

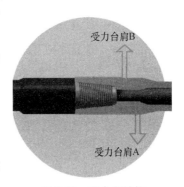

图 3-12 双台肩结构

水平定向钻机钻杆配置表　　　　　　表 3-9

| 序号 | 钻杆规格<br>(mm) | 长度<br>(m) | 钢级 | 参考重量<br>(kg) | 最小曲率半径<br>(m) |
|------|------|------|------|------|------|
| 1 | φ60 | 3 | S135 | 35 | 35 |
| 2 | φ73 | 3 | S135 | 45 | 45 |
| 3 | φ83 | 3/4.5 | S135 | 60/90 | 65 |
| 4 | φ89 | 4.5 | S135 | 95 | 72 |
| 5 | φ102 | 6 | S135 | 160 | 82 |
| 6 | φ127 | 6/9.6 | S135 | 240/335 | 140 |
| 7 | φ140 | 9.6 | S135 | 425 | 160 |
| 8 | φ168 | 9.6 | S135 | 525 | 200 |

### （五）钻杆使用注意事项

（1）钻杆规格要与钻机型号相匹配，避免出现大钻机使用小钻杆的现象。由于钻机输出扭矩较大，若使用小规格钻杆，容易因上扣过紧而造成钻杆拆卸困难或因扭矩过大而造成钻杆损坏断裂。

（2）严禁使用螺纹损伤、杆体有裂缝、严重弯曲或有其他类型损伤的钻杆，避免问题钻杆在施工过程中损坏断裂而造成重大工程事故。

（3）施工导向过程中注意控制每根钻杆的弯曲角度，并对悬空部分的钻杆进行支撑，防止因过度弯曲而造成钻杆变形或断裂。

（4）钻杆连接前清理螺纹并均匀涂抹钻具专用螺纹脂，保护螺纹，减少粘扣。工程结束后将钻杆冲洗干净并在螺纹上涂抹螺纹脂，装好螺纹保护套。

（5）在同时承受较大的回拖力及旋转扭矩时，钻杆的承载力（特别是旋转扭矩）会降低很多。

（6）添加钻杆时，应对连接的螺纹进行预紧，以有效防止钻杆螺纹的粘扣现象，提高钻杆的承载力。

（7）应在钻杆容许的曲率半径范围内工作，否则钻杆容易出现不可逆转的弯曲或断裂。在与扩孔钻头接头、钻铤等连接的过渡区域，应尽量使用大直径钻杆或加强杆，避免因刚度差异过大而造成钻杆折断。

（8）钻杆使用完后，需要做好养护工作，并尽可能使用保护套保护好螺纹。

（9）如果发现钻杆出现弯曲或者出现伤痕，需要修复后再使用。

（10）注意在装接钻杆前要清理水道孔，防止杂物阻塞通道引起泥浆输送不畅。

（11）注意吊装、搬运钻杆时应避免撞击损坏公扣。

## 二、钻具

### （一）导向钻具

#### 1. 斜板式导向钻头（图 3-13）

斜板式导向钻头是中小型定向钻机使用最为普遍的导向钻头，而在大型水平定向钻机施工中，由于施工距离较长，普通导向钻头受制于动力损耗以及钻杆扭转的影响，角度调整不便，适用性降低。所以，斜板式导向钻头常用于短距离土层穿越。

图 3-13　斜板式导向钻头

斜板式导向钻头又被称为掌面、鸭掌等，适用于大部分土层。斜板式钻头的导向板有多种类型，主要区别在形状、材质、合金齿等方面，其相对应的适用地层、钻进效率、使用寿命都有所区别。针对松软土层可选用板面较大的导向板；针对密实的土层选用板面较小的导向板；针对硬土和软岩则需要选择一些增加合金齿和采用锥形设计的导向板。

（1）结构特点

斜板式导向钻头的结构：包括导向板（图 3-14）和探棒仓两部分。

图 3-14　导向板

导向板位于钻头的最前方，主要作用是破碎地层，并且可以利用板身的斜面进行钻孔造斜。而探棒仓内设有可放置导向探棒的空间，并设计有信号发射槽，非金属材质封堵。

斜板式导向钻头具有体积小、重量轻、使用操作方便、导向造斜灵活等优点。在使用过程中，斜板式导向钻头可以根据穿越地层的不同而选用与地层相匹配的导向板，从而实现良好的钻进效果。其在土层钻进中具备较高的造斜效率，钻进速度快，但斜板式导向钻头无法在硬质岩层中推进造斜，因此不能用于岩层施工。

（2）导向原理

斜板式导向钻头的导向板呈一个倾斜面，当钻头不旋转而只向前顶进时，由于导向板斜面的挤土作用，导向钻头会向导向板前方偏斜。造斜的力度会受到地层密实度、土层性质、导向板大小等因素的影响。如果在向前顶进的同时旋转钻杆，导向板便可以在转动过程中利用板身和镶嵌的合金齿破碎地层，因为钻头破碎的是前端完整的圆形平面，所以在推进钻头时，不会发生偏向一侧的挤土作用，钻头便带动钻杆直线前进，如图 3-15 所示。

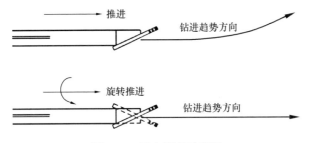

图 3-15　导向原理示意图

（3）选配原则

对于普通板式导向钻头，其不仅使用量巨大，而且由于导向板的不同，使得板式导向钻可选择性大大增强。在选购板式导向钻头时可以参考以下规则（表 3-10）。

板式导向钻头选用参考表　　　　　　　　　　　　　　　　　　表 3-10

| 土层类型 | 导向板选用 |
| --- | --- |
| 淤泥质土 | 选用较大板面的导向板 |
| 软黏土 | 选用中等板面的导向板 |
| 砂性土 | 选用较小板面的导向板 |
| 硬土 | 选用镶嵌合金齿的导向板 |
| 软岩 | 选用锥形的合金齿导向板 |

在直线推进造斜时，为获得良好的造斜效果，需要对导向钻头施加适当的径向力，而

径向力的来源便是钻头在推进过程中受到的地层的反作用力。反作用力的大小不仅受到地层性质的影响，导向板的面积大小也会直接影响导向钻头的受力情况，从而影响钻头造斜。地层越密实、越坚硬、导向板越大，可以获得的径向力就越大，但随之导向板在转动时受到的扭矩也会增加，所以导向板需要选择合适的面积。除此之外，导向板的形状以及钻头合金齿的不同也会影响钻头的钻进及造斜性能。

对于容易破碎的岩层，例如全风化岩层、极软岩岩层等风化程度较高或者岩石岩性较软的岩层，在钻进时可以使用板式导向钻头进行施工。但在穿越复杂地层时，板式导向钻头往往不能有效地进行钻进，而且导向板存在损坏的危险，因此，在复杂地层进行穿越时，为保证施工安全，应使用专用导向钻头。

**2. 牙轮导向钻头和泥浆马达总成（图3-16）**

该组合形式在中小型定向钻进施工中通常用于岩石地层穿越，而在大型水平定向钻机长距离穿越施工中，通常作为标配的导向工具而用于各类地层。

图3-16　牙轮导向钻头和泥浆马达总成示意图

（1）牙轮导向钻头（图3-17）

牙轮导向钻头分为钢齿（也称铣齿）牙轮和镶齿牙轮两种类型。钢齿适用于硬土层及软岩地层；镶齿适用于硬岩层，而且镶齿也有多种规格区别。施工时需要根据岩石硬度的大小选择不同的"牙齿"。

图3-17　牙轮导向钻头（左：钢齿；右．镶齿）

三牙轮钻头的各排齿互相齿合，可以实现全面破碎地层岩石，并防止齿槽泥包。针对不同地层、不同岩性的破岩机理不同，选择的钻头牙齿形状也不同，并且一种型号的钻头上往往不全是同一种齿形。牙齿的形状、大小、数量、长短取决于地层的硬度，地层越软，则牙齿越大、越尖、越少；反之，地层越硬，牙齿越小、越短、数量越多。

三牙轮钻头结构：牙轮钻头主要由牙掌、滑动轴承、牙轮、水眼、储油系统等部分组成。如图3-18所示。

工作原理：

牙轮导向钻头是常见的克服坚硬地层的导向钻具，其工作原理主要有以下三个方面。

1）牙齿的公转与自转

牙轮钻头工作时，固定在牙轮上的牙齿随钻头轴线做顺时针方向的旋转运动为公转。公转速度就是转盘或孔内动力钻具的旋转速度。

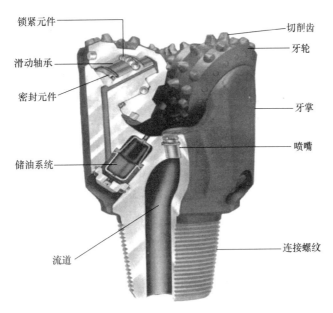

图 3-18　牙轮导向钻头结构图

钻头工作时，牙齿绕牙轮轴线做逆时针方向的旋转为自转。自转速度与公转速度以及牙齿对孔底的作用有关。

2）钻头的冲击破岩作用

牙轮滚动，牙齿单齿、双齿交错接触孔底，产生钻头的纵向振动。钻头在孔底纵向振动，通过钻头牙齿转化为对地层的冲击作用，冲击作用与静压入力一起形成了钻头对地层岩石的冲击、压碎作用。

3）钻头的滑动剪切破碎作用

破碎不同类型的岩石，要求钻头有不同的滑动量，滑动量由钻头结构参数决定。软地层钻头滑动量大，硬地层应尽量小或不滑动。

选配原则：

1）地层软硬程度和研磨性。软地层选择齿长的钻头，硬地层选择齿短、齿密的钻头。

2）软硬交错地层。选用适合硬地层使用的钻头，就高不就低。

3）岩石硬度低时可以选用钢齿，便于快速钻进；硬度高时需要选用镶尺牙轮，防止钻头过度磨损。

（2）泥浆马达

作为动力输出设备，泥浆马达是长距离施工和岩石穿越中必不可少的辅助设备。泥浆马达可直接通过泥浆驱动，为钻头提供充足的旋转动力，有效解决长距离导向过程中钻机动力头扭矩的损耗。

泥浆马达结构组成包括旁通阀、马达、万向轴、推力轴承等（图 3-19），泥浆通过旁通阀流经螺杆马达，此时螺杆马达会产生旋转动力，并由万向轴和推力轴承传递到前端的牙轮导向钻头上，带动其旋转。

水平定向钻机配套的泥浆马达的型号需要根据钻机大小、泥浆泵量、地层性质等多方

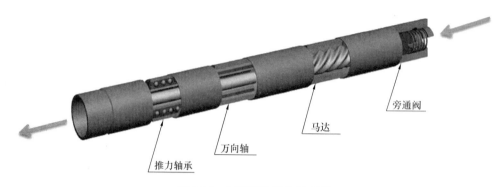

图 3-19　泥浆马达结构示意图

面因素决定。需要强调的是要有充足的泥浆流量才能保证泥浆马达的动力输出，泵量大小与岩石硬度和导向距离关系密切，硬度大、距离远则泵量要求大，反之亦然。

导向原理：

牙轮导向钻头需要配合泥浆马达使用，在钻进过程中利用泥浆马达自身的弯度（或者连接弯接头）来进行造斜。泥浆马达带动前端的牙轮钻头在泥浆的作用下不停地旋转，当钻杆不旋转而只顶进时，由于钻头前端是偏离钻孔轴线的，故在不断破碎地层的过程中，会进行小角度的造斜；而当钻杆带动泥浆马达旋转时，造斜作用在旋转中被抵消，钻头和钻杆便可以直线推进。连接方式如图 3-20 所示。

图 3-20　导向原理图

1—钻杆；2—探棒仓；3—弯接头；4—泥浆马达；5—牙轮导向钻头

### （二）扩孔钻具

### 1. 常规扩孔钻头

常规扩孔钻头主要有挤扩式（筒式）、流道式、切扩式三种（图 3-21～图 3-23）：

图 3-21　挤扩式（筒式）扩孔钻头　　图 3-22　流道式扩孔钻头　　图 3-23　切扩式扩孔钻头

（1）挤扩式（筒式）扩孔钻头

挤扩式扩孔钻头又称为筒式扩孔钻头、挤压型扩孔钻头，用于松软土层的扩孔作业。钻头在回拉扩孔过程中可以通过锥形桶面向周围挤压土体从而扩大钻孔孔径。同时，锥面上分布的钻齿在旋转过程中也可以切削破碎地层，加速扩孔。

钻头特点：

适用于软土、松软地层的扩孔施工。扩孔钻头主要是通过挤压孔壁实现扩孔，因此扩孔工作时产生的钻屑相对较少，扩孔的同时挤压地层，提高了孔壁的稳定性。但此类钻头的切削效率较低、排屑性能差，在密实的地层等不易挤压并且会产生大量钻屑的地层中，扩孔效率较低，且容易发生孔内钻屑堆积，严重时，还会造成回拖力增大、地层挤裂冒浆等事故。

（2）流道式扩孔钻头

流道式扩孔钻头从结构上也可归属于挤压型扩孔钻头，在挤压扩孔的同时，也因为自身的结构设计而具备了较好的切削和排屑能力。流道式扩孔钻头的挤压和切削性能，可用于各种常规地层的扩孔，适用性较广。

钻头特点：

适用于中密度黏土、砾泥黏土和含岩土壤（砾石、鹅卵石等）等地层的扩孔施工。流道式钻头整体类似于一个锥体，可以有效地挤压地层，适合于软土地层的扩孔，钻头锥面上除了必要的合金齿提供切削能力外，在椎体上还均匀地布置有数条流道，流道方向与钻头选装方向相协调，并且在流道内设计了泥浆喷口，使钻头具备了较好的排屑性能。流道式扩孔钻头适用地层广泛。但由于流道式钻头的锥体型构造，在扩孔、清孔时钻头最外侧的合金齿容易磨损。

（3）切扩式扩孔钻头

切扩式扩孔钻头又称为切削式扩孔钻头、刮刀式扩孔钻头、刀板式扩孔钻头，用于密实土层，通常与筒式扩孔钻头组合使用。钻头在回扩时，主要通过切削地层实现扩大孔径的目的，钻头框架式的结构可以方便钻屑的通过，切削后的钻屑可以通过泥浆带出孔外。

钻头特点：

适用于砂土层、软土层、黏土层和混凝料等土层。切扩式钻头的结构不仅可以有效地切削地层，而且不会阻碍钻屑通过。在扩孔时，通过钻头的旋转可以将钻屑与泥浆混合，方便泥浆携带钻屑。但由于此类钻头基本不具备挤压地层的性能，因此扩孔过程中会产生较多的钻屑，加重了泥浆的排屑负担，并且也提高了扩孔施工对泥浆性能的要求。

**2. 岩石扩孔钻头**

岩石专用扩孔钻头主要包括牙轮式扩孔钻头、滚刀式扩孔钻头这两种，如图 3-24、图3-25所示，主要用于穿越岩石、硬土地层，建议配合扶正器使用。

图 3-24　牙轮式扩孔钻头

图 3-25　滚刀式扩孔钻头

（1）牙轮式扩孔钻头（图 3-26）

牙轮式扩孔钻头是目前常用的岩石扩孔钻头，可以破碎常规钻头无法钻进的坚硬岩

图 3-26　牙轮式扩孔钻头

层，牙轮式扩孔钻头主要是通过安装在钻头牙掌上的牙轮体实现破碎岩石的功能，其工作原理同牙轮导向头相同，而且与牙轮导向钻头使用的牙轮体类似，也分为钢齿（铣齿）和镶齿两种：钢齿（铣齿）通常用于软岩地层及硬土层；镶齿主要用于坚硬岩层。

钻头特点：

牙轮式扩孔钻头的牙轮一般都配备了高强度的硬质合金齿，因此可以破碎的岩石硬度较

高，与牙轮导向钻头相同，也需要对牙轮钻头合金齿进行合理的排布，从而实现全面的破碎，在岩层扩孔中往往能取得较为理想的扩孔效果。但由于牙轮式扩孔钻头重量大，扩孔时容易紧贴下孔壁，不仅容易造成钻头磨损还会影响钻孔轨迹，所以要配合扶正器使用，目前的小直径牙轮式扩孔钻头也多在前端设计小型的扶正器。在岩层进行扩孔施工时，牙轮式扩孔钻头无疑是一个不错的选择，但与普通扩孔钻头相比，其价格较高，而且重量大，给使用和搬运带来了不便。

图 3-27　滚刀式扩孔钻头

（2）滚刀式扩孔钻头（图 3-27）

与牙轮式扩孔钻头相同，滚刀式扩孔钻头也是一种专门用于坚硬地层的扩孔设备，滚刀式扩孔钻头上的滚刀轮可以方便地更换，并可以根据地层的不同进行选配，通常用于极硬岩或长距离岩石扩孔。

钻头特点：

滚刀式扩孔钻头相对牙轮式扩孔钻头更加便于维修，滚刀轮磨损后，可以方便地更换。滚刀轮主轴链接在内部，不易磨损，使用寿命长。钻头常被用于坚硬、极硬的岩层，扩孔效率较高。但其制造成本较高，重量大，搬运安装不便，而且与牙轮式扩孔钻头相同，都需要配合扶正器使用，以防止磨损。

## 三、辅具

### （一）探棒仓

探棒仓（图 3-28）是专门用于安装导向探棒的装置。通常斜板式导向钻头的杆体即为探棒仓，而使用牙轮导向钻头时需要另外配置探棒仓。探棒仓上设计有信号发射槽，作为探棒信号向地面发送的通道。

### （二）无磁钻铤

使用地磁导向系统时，需要为探棒提供无磁环境，无磁钻铤通常连接在钻杆与探棒仓之间，以减少金属钻杆对探棒的影响，它是大型定向钻进必备的辅助钻具之一。

图 3-28　探棒仓

**（三）补浆（喷浆）短接**

长距离导向孔施工时极易出现泥浆漏失，为保证泥浆对钻头后方钻杆的润滑，减小导向推进阻力，需要在导向过程中使用喷浆短接。但喷浆短接向孔内补充泥浆的同时也会造成钻杆内泥浆的损耗，因此使用数量不宜过多，其连接位置和使用数量可根据返浆情况灵活确定。

**（四）导向线缆及固线器**

进行有线导向时，导向线长时间受泥浆冲刷并与钻杆内壁摩擦，绝缘层容易磨损而发生漏电，造成导向信号丢失。建议选用绝缘层加厚的导向专用线缆，同时可使用固线器等措施固定导向线。

**（五）公母拉头**

公母拉头（图 3-29）为必备辅具，可用于钻杆、扩孔钻头与分动器的连接。

**（六）分动器**

分动器（图 3-30）为必备辅具，连接在扩孔钻头与钻杆或管道之间，避免钻杆或管道跟随扩孔钻头旋转。应根据钻机回拖力配套相应的分动器。

**（七）卸扣**

卸扣（图 3-31）为必备辅具，常用于连接分动器与管道拉头等。

图 3-29　公母拉头　　　图 3-30　分动器　　　图 3-31　卸扣

**（八）卸扣钳**

卸扣钳（图 3-32）是用于拆卸导向钻具和扩孔钻头，使用螺纹直连结构的钻具。

图 3-32　大型卸扣钳

## 第五节　泥浆工艺

泥浆是定向钻进施工中的重要组成部分，更是影响大型定向钻进施工成败的关键因素之一。泥浆具有稳定孔壁、携带钻屑、冷却钻具以及辅助钻进等主要功能，为施工的顺利进行提供有力保障。

### 一、泥浆的功能

在水平定向钻进施工中，泥浆是施工过程中以其多种功能满足钻进和管道回拖需要的各种循环流体的总称。

泥浆工艺技术是水平定向钻进工程的重要组成部分。随着水平定向钻进施工难度的逐渐增大，该项技术在确保安全、优质、快速施工中起着越来越重要的作用。泥浆最基本的功能有以下几点（图 3-33）：

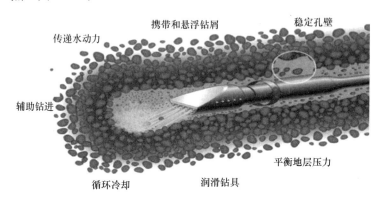

图 3-33　泥浆的功能

#### （一）携带和悬浮钻屑

泥浆的首要和基本的功能，就是通过其自身的循环，将孔内的钻屑携至地面，以保持钻孔清洁，使给进回拖畅通无阻，并保证钻头在孔内始终接触和破碎新地层，不造成重复切削，保持安全快速钻进。在上卸钻杆或因故停泵时，泥浆可保持其中的钻屑稳定悬浮，防止钻屑在孔内大量沉积。

#### （二）稳定孔壁和平衡地层压力

孔壁稳定、钻孔规则是实现安全、优质、快速施工的基本条件。性能良好的泥浆可对松散性地层起到一定的胶结作用，并阻止泥浆向地层持续渗漏，减弱泥页岩水化膨胀和分散的程度，增加孔壁的稳定性。与此同时，泥浆的液柱压力能够平衡部分地层压力，降低孔壁坍塌的风险。

#### （三）冷却和润滑钻头、钻具

在钻进中钻头旋转并破碎岩层，产生很多热量。同时钻具也不断地与孔壁摩擦而产生热量。泥浆正是通过不断地循环，将这些热量及时吸收，然后带到地面释放到大气中，从而起到了冷却钻头、钻具，延长其使用寿命的作用。由于泥浆的存在，钻头和钻具均在液体内旋转，因此在很大程度上降低了摩擦阻力，起到了很好的润滑作用。

#### （四）传递水动力

泥浆在钻头喷嘴处以极高的流速冲击孔内，从而提高了钻进速度和破岩效率。石油钻井中的高压喷射钻井正是利用了这一原理，即采用高泵压钻进，使泥浆所形成的高速射流对孔内产生强大的冲击力，从而显著地提高钻速。另外，循环过程中的泥浆可为孔内动力钻具如螺杆、液动冲击器提供驱动力，以应对复合钻进或孔内马达钻进的需要。

## 二、泥浆泵送循环系统

泥浆的循环是通过泥浆泵来维持的。从泥浆泵排出的高压泥浆经过地面高压管汇、钻机动力头、钻杆到钻头，从钻头喷嘴喷出，以清洗钻孔并携带钻屑，然后沿钻柱与孔壁形成的环形空间向外流动，再到达地面排入废浆池，完成一个循环。在一些大型施工现场，为节省成本，从孔内排出的泥浆经固相分离及性能调整后，可重新进入泥浆罐，重复利用。

### （一）泥浆泵送系统流程图（图 3-34）

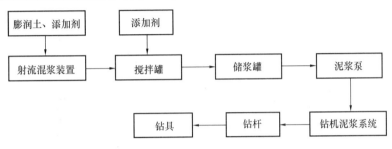

图 3-34　泥浆泵送系统流程

### （二）泥浆循环使用流程图（图 3-35）

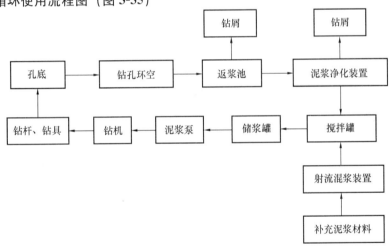

图 3-35　泥浆循环使用流程

## 三、常用配浆材料

### （一）水
建议使用清洁的淡水，使用前注意检测钙镁离子含量及 pH 值，并进行相应的处理。

### （二）膨润土
首选优质钠基膨润土，目前市场上的优质钠基膨润土多产自山东潍坊、辽宁黑山、新疆夏子街、浙江余杭等地。在现场露天堆放膨润土时需要做好防潮防雨措施，防止因膨润土固结而影响使用。

### （三）泥浆处理剂
泥浆处理剂用量少，价格高，建议根据大型定向钻进施工要求设计合理的泥浆配方，有计划地采购泥浆处理剂。大部分的泥浆处理剂都极易受潮易影响使用性能，甚至完全失效，需要进行妥善保存。目前常见的几种泥浆处理剂有：纯碱、烧碱、羧甲基纤维素钠、聚阴离子纤维素（PAC）、正电胶。

## 四、泥浆性能参数及检测方法

### （一）密度

泥浆密度是平衡地层压力从而稳定孔壁的重要性能参数。在一般的大型定向钻进施工中，主要通过膨润土添加量调节泥浆密度。泥浆控制参数：新浆 1.02～1.05，旧浆 1.15 左右。

泥浆密度的检测常用泥浆比重计测量（图 3-36），其使用方法如下：

图 3-36　泥浆比重计

（1）将泥浆比重计放在水平面上；

（2）在量杯中注满泥浆，盖上杯盖，慢慢旋转压紧杯盖，将多余的泥浆挤出杯外，并确保杯中无空气；

（3）用手指压住杯盖小孔，清洗杯身；

（4）将比重计放在底座上，移动游码直到平衡，读出的数据即为泥浆密度。

### （二）黏度

泥浆黏度的本质是泥浆内部成分之间的内摩擦力，其可以调节流变性能，也是衡量携带钻屑性能的参数之一，对清洁孔眼具有重要作用。提高黏度可以通过增加膨润土量，或加入增黏剂如高黏 CMC、聚阴离子纤维素（PAC）、改性淀粉等实现。

施工过程中泥浆黏度要求可参考表 3-11。

泥浆黏度（s）选择参考表　　　　　　　　表 3-11

| 项目 | 孔径（mm） | 地层类型 | | | | | |
| --- | --- | --- | --- | --- | --- | --- | --- |
| | | 黏土 | 粉质黏土 | 粉砂细砂 | 中砂 | 粗砂砾砂 | 岩石 |
| 导向 | — | 35～40 | 35～40 | 40～45 | 45～50 | 50～55 | 40～50 |
| 扩孔及回拖 | φ426 以下 | 35～40 | 35～40 | 40～45 | 45～50 | 50～55 | 40～50 |
| | φ426～φ711 | 40～45 | 40～45 | 45～50 | 50～55 | 55～60 | 45～55 |
| | φ711～φ1016 | 45～50 | 45～50 | 50～55 | 55～60 | 60～80 | 50～55 |
| | φ1016 以上 | 45～50 | 50～55 | 55～60 | 60～70 | 65～85 | 55～65 |

目前施工现场检测泥浆黏度的设备是马氏漏斗黏度计（图 3-37），其使用方法简单介绍如下：

（1）用手指堵住漏斗出口，通过筛网向漏斗内注入待检测的泥浆，直到泥浆液面到达筛网底面；

（2）放开漏斗出口，向量杯内漏浆并开始计时，直到量杯中漏满 946mL（有刻度）泥浆为止；

（3）读出的计时秒数即为泥浆漏斗黏度值。

### （三）pH 值（酸碱度）

膨润土及泥浆添加剂等的性能通常在碱性环境下才能得到充分发挥，因此要求泥浆体系的 pH 值一般控制在 8 以上，大直径扩孔时，pH 值通常应调节到 10 以上。配浆时通常用烧碱（NaOH）来调节 pH 值，若配浆水或地层中含一定量钙离子时，也使用部分纯碱（$Na_2CO_3$）。

检测 pH 值通常可使用 pH 试纸，其使用方法如下：

用玻璃棒（或其他不污染泥浆的物体）蘸取泥浆，涂抹在试纸上，试纸会出现变色，当颜色稳定后与颜色对照条进行对比，读出相同颜色的数字极为泥浆的 pH 值（图 3-38）。

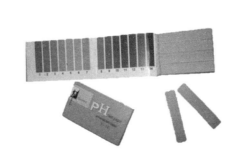

图 3-37　马氏漏斗黏度计　　　　　图 3-38　pH 试纸

### （四）含砂量

泥浆含砂量是指泥浆中不能通过 200 目筛网，即粒径大于 $74\mu m$ 的砂粒占泥浆总体积的百分数。泥浆的含砂量过高，会导致泥浆流动性及携带性能恶化，降低泥皮质量，进而影响孔壁稳定性。在现场应用中，该数值越小越好，一般要求控制在 0.5% 以下。

检测泥浆含砂量的仪器为含砂量测定仪（图3-39），其使用方法介绍如下：

（1）在玻璃量筒内加入泥浆至"泥浆"标记处，再加入适量水，用手指盖住筒口，摇匀；

（2）将混合物倒入过滤筒内，边倒边用水冲洗，直到泥浆冲洗干净，网上仅有砂子为止；

（3）将过滤筒倒置在漏斗上，用水把砂子冲入玻璃量筒内，等砂子沉淀到底部细管后，读出含砂量体积，计算出砂子体积的百分比含量。

图 3-39　含砂量测定仪

### （五）滤失量

泥浆滤失量大说明泥浆中自由水多，胶体性能差；滤失量小说明泥浆中束缚水多，胶体性能好。泥浆滤失量通常控制在 8～12mL/30min 即可满足施工要求。可以通过添加低、中黏 CMC 或者添加改性淀粉等降滤失剂来降低滤失量。

图 3-40　滤失量测定仪

滤失量测定仪如图 3-40 所示。该仪器是将泥浆用惰性气体（二氧化碳、氮气或压缩空气）加压并测量泥浆的失水量。泥浆在 0.69MPa 压力的作用下，30min 内通过截面为 $(45.6\pm0.5)$ cm$^2$ 过滤面渗透出的水量即为其失水量，以毫升表示。

### （六）胶体率

胶体率是泥浆静止后，其中呈悬浮状态的黏土颗粒与水分离的程度，以百分比表示。通常要求胶体率在 96％以上，胶体率高的泥浆，黏土颗粒不易沉淀，悬浮钻渣的能力高，否则反之。水平定向钻进施工中，泥浆需要较高的胶体率，通常可添加 CMC、PAC 等处理剂来提高泥浆胶体率。

泥浆胶体率的测量方法为：将 100mL 泥浆倒入有刻度的量筒中，静置 24h，观察泥浆析出水分的情况。如果上部析出的清水为 3mL，则表明泥浆胶体率为 97％。

## 五、不同地层泥浆使用注意事项

### （一）砂砾地层中使用的泥浆

砂砾石地层的成孔难度相对较高，由于砂砾间缺乏胶结，孔壁很容易发生坍塌，是需要尽量避开的地层。

对于此类地层使用的泥浆，需要解决的关键问题是增加孔壁砂砾间的胶结力。高黏度的泥浆渗透到地层中，可以显著增强砂砾之间的胶结力，从而增强孔壁稳定性。通过长纤维形成的网状结构的泥皮也能起到很好的护壁作用。

因此在砂砾石地层中使用泥浆时，通常需要添加一定量的增黏剂、降滤失剂，例如 CMC，这也是目前使用较多的泥浆添加剂之一。

### （二）黏土层、泥页岩中使用的泥浆

在黏性土、泥页岩中进行定向钻进施工时，常会遇到孔壁遇水膨胀、缩径、分散，故这类地层又称为水敏性地层。针对该类地层进行配浆时，建议选用优质膨润土。优质膨润土对水的吸附效果好，可以有效减少泥浆中自由水的含量，控制泥浆失水量，同时添加降失水剂，如 CMC、PAC 等都可以降低泥浆失水量，还可以形成网架结构，保持泥浆体系稳定。除此之外，添加一定量的絮凝剂，降低岩土的分散性，有利于减少泥浆的固相含量，增强泥浆的流变性。

### （三）高硬度岩石钻进用泥浆

高硬度岩石地层是目前定向钻进施工中经常会遇到的工况，由于岩石硬度较大，钻进相对困难，钻进时所需要的消耗大，进尺慢，对钻具的磨损严重。但岩石钻进中形成的孔壁稳定（破碎带除外）。

针对高硬度岩石地层钻进的泥浆，要侧重于泥浆的润滑性和冷却性能，减少泥浆固相含量，提高钻速。减少固相含量可以通过添加一定量的絮凝剂实现。

### （四）溶蚀性地层钻进用泥浆

溶蚀性地层以氯化钠盐层为代表，该类地层遇水后会发生溶解，污染泥浆，极易造成

孔内事故。

针对溶蚀性地层钻进的泥浆，可以通过降失水剂和添加相同的溶蚀性物质降低泥浆对地层的溶蚀性，例如在岩层中钻进使用盐水泥浆。

## 六、泥浆用量

施工中需要根据工程量大小计算泥浆用量，设计泥浆配比，从而确定各种材料的用量而进行采购。各配浆材料需求量要根据具体的泥浆配比和泥浆回收利用情况进行确定。各类添加剂的用量需要根据地层特点、膨润土质量、配浆水质等因素进行调整，建议通过试验进行确定。

钻孔泥浆用量的确定方法要遵守以下原则：

（1）每回次扩孔的浆液流量必须保障悬浮和排出碎屑，确保钻孔中残留的碎屑不会阻碍管线铺设；

（2）孔内泥浆排出量约等于替换量，否则容易引起孔内蹩压，造成回拖卡钻或者地表隆起；

（3）应考虑泥浆循环利用程度；

（4）钻孔泥浆总量与终孔直径、钻孔长度、扩孔次数、孔内漏失状况密切相关。

# 第六节　施工常见问题及处理

水平定向钻进施工是一项高风险的工程任务，施工过程难免会出现一些故障。下面对一些常见故障进行分析，并提出一些可供参考的预防及处理措施。

## 一、导向轨迹偏离

在导向过程中经常会发生导向轨迹偏离的现象，其危害可大可小。

### （一）问题分析及预防

造成导向轨迹偏离的因素很多，常见的有：

（1）导向仪的导向精度不够，或受到信号干扰。

预防措施：使用可靠的导向仪器，在工况复杂的大型工程中使用人工磁场保证导向精度。在导向过程中定时监测钻头位置，发现偏离及时纠偏，即使是在水平直线段也应避免盲打。

（2）造斜滞后或超前，将会造成导向孔轨迹的水平段偏低或偏高，或造成钻头提前出土或滞后出土。

预防措施：及时检查实际轨迹与设计轨迹的偏差，及时纠正。

（3）导向钻具与地层不适应，造斜效率低，无法及时变向导致轨迹偏离。

预防措施：选择适当的导向钻具，例如在软土地层中使用大板面的导向板代替常规导向板。长距离土层穿越使用牙轮导向钻头时增加弯接头，增强造斜性能，或者使用特殊定制的轻型泥浆马达减少钻具重量，提高造斜效率。

（4）更换钻具后，导向钻头无法进入原孔。该情况通常发生在穿越软土进入岩石的工程中，例如斜板式导向钻头更换牙轮导向钻头后，由于自重原因，牙轮导向钻头和泥浆马达在软土中"下沉"。

预防措施：在遇到类似情况时，需要使用套管隔离软弱土层或使用轻型泥浆马达。

**（二）问题处理**

当实际轨迹偏离设计轨迹时，要视情况采取纠偏措施，纠偏过程应缓慢进行，防止出现纠偏过度。如果造成钻孔轨迹较大幅度的偏差，则需要回撤一定数量的钻杆，重新钻进新孔。若是钻具及地层原因，则可以考虑回撤后更换钻具或采取辅助措施后继续进行导向。

## 二、泥浆漏失和冒浆

在长距离导向及扩孔过程中会出现孔口无返浆的现象，通常是由冒浆或者泥浆向孔壁地层漏失而引起。泥浆是运送钻屑的载体，一旦泥浆流量减小或者循环停止，则钻屑将在孔内堆积，影响施工安全。冒浆还会造成环境污染，甚至引发经济赔偿问题。

**（一）问题分析及预防**

（1）在长距离和复杂地层穿越时，由于地质状况复杂，容易出现泥浆泄漏或冒浆，如果泥浆性能不佳，则更容易发生泥浆漏失。

预防措施：针对泥浆漏失问题的预防，首先要改善泥浆性能，例如可通过添加纤维素等降滤失剂来控制泥浆的失水量并提高黏度。

（2）冒浆事故多发生在地层的软弱部分，或由于埋深过浅、泥浆压力偏大等因素而造成地层压裂冒浆，而泥浆压力偏大的原因多是钻孔不通畅。

预防措施：施工前首先要进行地质资料分析和现场踏勘调查，选择适当的钻具，并对需要处理的地段进行相应的固化、填土等处理。在施工过程中应控制好导向、回拖速度及泥浆压力、泵量，使用性能良好的泥浆，确保及时将钻屑带出孔外，保持钻孔通畅。

**（二）问题处理**

（1）如果发现不返浆，或返浆量减少，首先要查看施工沿线是否存在冒浆点，如果出现小规模的漏浆，可以通过向泥浆中添加堵漏剂进行处理。在漏浆量较大的位置可以使用土体固化或者在冒浆部位使用挤密桩进行处理。若大型冒浆发生在靠近出入土点的位置，则可直接开挖成返浆坑，疏通返浆通道，防止钻屑在孔内堆积。

（2）若泥浆以向地层中渗透漏失为主，则需要调整泥浆性能参数，降低泥浆失水量，提高泥浆黏度，适当使用堵漏剂。如果发生在长距离土层导向过程中，建议使用喷浆短接，向钻孔内补充泥浆，润滑钻杆。

## 三、导向信号丢失或异常

在导向过程中，尤其是使用有线地磁导向系统时，经常会出现导向信号丢失的现象，严重时甚至需要将孔内钻杆全部撤出进行检查，导致增加大量的重复工作。

**（一）问题分析及预防**

（1）使用无线导向仪器时，导向信号丢失或异常多是由电池缺电、深度超限、探棒损坏、信号干扰等因素引起。

预防措施：根据导向距离和周围环境选择合适的导向方式和导向仪器，若使用无线导向仪，需要确认电池电量、导向埋深，并选择适当的信号频率。

（2）采用有线导向时若信号丢失，则大多是由线路断路或者漏电引起。导向信号线在钻杆内受到泥浆的冲刷受力并与钻杆壁发生碰撞摩擦，如果绝缘层较薄则很容易发生磨损而漏电，接线工作不到位也容易造成漏电。

预防措施：规范接线操作，加强对导向线的保护，选用导向专用线缆（绝缘层加厚），同时建议在长距离导向过程中使用固线器。

**（二）问题处理**

（1）在使用无线导向时，若信号丢失或异常，则应回撤钻杆，检查信号情况（保证接收仪器工作正常），若仍无信号，则需要将探棒取出，检查是否损坏或电池电量是否耗完。若有信号则可能存在干扰或屏蔽，可直线钻进 1～2 根钻杆后再次检测信号，若依旧无信号，则需重新制定导向方案。

（2）在使用有线导向时，一旦发现导向信号丢失，应及时检查线路，若钻杆外部线路完好，则应回撤钻杆，检查钻杆内导线有无磨损断裂现象。通常应在回撤完一根钻杆后截断导向线并重新连接进行检测，直到导向信号恢复。

## 四、扭矩及回拖速度异常

在回拖扩孔时偶尔会遇到钻机旋转扭矩大、扩孔效率低的问题。

**（一）问题分析及预防**

（1）钻具选配不合理、钻具已经严重磨损。例如在密实的黏土地层中使用挤扩式扩孔钻头，岩石扩孔时牙轮磨损严重，将会极大地影响扩孔速度。

预防措施：选择适当的扩孔钻头，并保证扩孔钻头的质量及使用状态，在复杂地层的扩孔过程中，尤其是岩石地层，适当增加清孔次数，清除孔内钻屑。

（2）扩孔分级跨度过大，则扩孔旋转扭矩增大，速度必然降低。

预防措施：根据钻机性能和地层性质，制定合理的扩孔分级方案。若扩孔跨度较大，要注意适当增加泵量，及时排出孔内钻屑。

**（二）问题处理**

（1）将扩孔钻头退回一定距离（2m 左右），加大泥浆排量，再次转动并缓慢回拖，仍旧不能解决问题时，则应考虑扩孔钻头是否出现损坏现象，同时将扩孔钻头及时退出防止卡钻。

（2）必要时（不适应地层或磨损严重）可调整扩孔分级计划，更换扩孔钻头。

（3）及时清孔，同时加强泥浆性能及用量，及时清理孔底钻屑。

## 五、埋钻、卡钻

埋钻、卡钻也是水平定向钻进施工中常见的施工问题。

**（一）问题分析及预防**

（1）埋钻、卡钻事故多发生在不稳定地层，如卵石、粗砂等胶结性不好、易塌孔地层或者流塑性地层，如果土体结构失稳或施工时使用的泥浆性能不佳，则极易发生埋钻、卡钻。

预防措施：适当增加泥浆黏度和密度，平衡地层压力，稳定孔壁，防止塌孔。若不稳定地层埋深较浅，可开挖置换黏土；若埋深较大，可使用套管隔离。

（2）在进行岩石扩孔时，部分强风化岩石地层，由于地层裂隙发育、岩石结构破碎、孔壁岩石脱落，容易引起卡钻。

预防措施：使用状态良好的岩石扩孔钻头，通过扶正器增强扩孔钻头的稳定性并修整孔壁，及时清除孔底钻屑，保持钻孔通畅。

（3）水敏性泥岩会吸收泥浆中的水分而膨胀，或因钻屑粘住扩孔钻头、钻杆而形成泥包现象，此时也容易发生卡钻事故。

预防措施：选配适当的扩孔钻头，并减少泥浆失水量。

**（二）问题处理**

（1）首先尝试向施工方向的相反方向回拖或顶进钻杆，解除卡钻。若回拖力不足，则可以尝试使用更大型号的钻机或滑轮组进行尝试。

（2）钻机回拖不能解卡时，可尝试使用夯管锤对钻杆进行冲击振动解卡或者进行套洗解卡。

## 六、抱管

抱管与埋钻、卡钻类似，通常指发生在管道回拖过程中的管道回拖受阻现象，建议在大型定向钻进施工时进行试回拖，检验钻孔质量。

**（一）问题分析及预防**

（1）不稳定地层因塌孔而引起抱管。

预防措施：有针对性地提高泥浆密度和黏度，维持孔壁稳定，清孔及回拖过程中要注意减少对孔壁的扰动和冲刷，管道回拖时应增加泥浆润滑性能。

（2）若孔内钻屑较多而未排出就进行管道回拖，则管道在回拖过程中，孔内泥浆携带钻屑向前运动，并逐渐在管道前方堆积，阻碍管道回拖。

预防措施：扩孔施工中应注意及时排出孔内钻屑，在管道回拖之前进行必要的洗孔。岩石地层在扩孔阶段就要及时进行洗孔，并可进行试回拖。

（3）导向孔轨迹弯曲过大，或因地层原因，存在台阶孔而引起管道回拖卡阻。

预防措施：严格控制导向参数，按设计轨迹钻进。在复杂地层施工时使用合理钻具（扶正器）及辅助工艺（夯套管）等措施，并可进行试回拖。

**（二）问题处理**

（1）若管道即将回拖到位，可采取助力设备，增加回托力或推力继续进行回拖施工。

（2）进行管道抢救，从管道入土侧向孔外回拖管道，使用较大型号的钻机或使用滑轮组增加回拖力。

（3）管道抢救完成后分析并查找问题原因，进行洗孔，若未进行试回拖，可先进行试回拖检查孔内情况。排除问题原因后，方可再次进行回拖。

# 第四章　安全作业要求

## 第一节　一般要求

（1）操作者和助手应经过专门的培训，熟悉并掌握所操作水平定向钻机及配套设备的性能、构造、使用和维护保养的方法，培训合格后方可操作。

（2）应严格按使用说明书的规定进行操作。

（3）操作者和助手应分工明确。

（4）在施工过程中，操作者和助手应穿绝缘鞋，佩戴安全帽、绝缘手套等安全用品。定位探测的助手应穿警戒服。

（5）回拖扩孔直径的大小为待铺管线直径的 1.2～1.5 倍。

（6）根据土质的情况应配制合适的泥浆。

（7）水平定向钻机周围应架设隔离防护围栏。

（8）水平定向钻机工作时，应将钻杆箱的防护栏放下，严禁任何人员进入防护栏内。

（9）水平定向钻机在使用过程中，当遇到紧急情况时，应按使用说明书的有关规定进行紧急处理。

（10）对穿越铁路、公路的工程，在施工前应和相关主管部门取得联系，在施工时应考虑车辆的来往情况设立警示标志。

（11）摩擦焊接的钻杆，需不定期对钻杆的焊接处进行探伤检查。

（12）为了保证钻杆在施工过程中的安全可靠，钻杆出现下列情况时应做报废处理：

1）钻杆表面的磨损量超过钻杆壁厚的 15％时；

2）钻杆的局部弯曲在每 500mm 的长度范围内，弯曲变形超过 5mm 时；

3）对摩擦焊接的钻杆，在摩擦焊接处有任何缺陷时。

（13）钻杆连接时，应在钻杆的丝扣部位涂抹丝扣油。

（14）钻杆没有装在钻杆箱里时，所有钻杆的两端应配丝扣保护套。

（15）应按使用说明书的规定进行保养。

（16）按使用说明书安装好接地保护装置。

## 第二节　注意事项

### 一、作业条件

（1）水平定向钻机工作环境温度为−10～40℃。

（2）在待铺设管线的两端，应有足够的作业空间。

（3）地面的承压小于接地比压时，应采取措施。

（4）在基坑或围堰中作业时，基坑或围堰应支护，并配备足够的排水设备。

（5）夜间施工应有充足的照明设施。

## 二、作业前的安全检查

（1）应勘查沿铺设管线水平方向管线长度两端以外至少各100m、垂直管线方向两边至少各300m范围内的各种地下管线和设施，如污水管、自来水管、高压电缆、通信电缆、光缆、油气管线等。这些地下管线和设施的资料可根据相关部门的档案和现场的原有标志情况与管线单位共同进行现场确认，并应使用仪器对其进一步探测验证，必要时需对局部进行开挖验证。将所有地下管线和设施的位置及走向都标注在施工剖面图和平面图上，且在实地做好标记。

（2）应查询有关地质资料，了解地层土质的种类。检测土层的间隙度、含水性、透水性、地下水位、基岩的深度、含砂和砾石的情况，并将勘查结果标注在施工剖面图上。

（3）穿越河流时，需要了解河流周围的地形地貌以及水流的缓急情况、河床底部的形状等。

（4）设计导向孔时，应避开公用设施，并应充分考虑钻进导向孔和回拖扩孔施工过程中对原有管线的安全距离和钻杆的最小弯曲半径，确保施工安全。

（5）设计的导向孔轨迹须得到其相关主管部门的同意。

（6）检查钻具的水、气路是否通畅。

（7）按使用说明书的规定检查液压系统，液压软管不应有破损。

（8）检查电气线路的各线端是否有松动、电器元件是否有损坏。

（9）检查各种仪表显示是否正常。

（10）标定定向系统。

（11）检查急停开关工作是否正常。

（12）检查分动器转动是否正常。

（13）检查辅助系统工作是否正常。

## 三、作业中的安全检查

（1）钻杆旋转时，任何人员不应接触钻杆。

（2）钻进过程中推进或旋转压力突变时，应立即停机，分析并查明原因。

（3）遇探棒无信号、信号不变、信号突变、水和气路不通畅等情况时，应立即停机，分析并查明原因。

（4）一般每钻进1m，应对钻头定位测量一次。

（5）需要摆动钻进时，应小角度对称摆动。摆动推进过程中钻杆有松动现象时，应正转数圈后再继续摆动推进。

（6）钻头接近出土点工作坑时，应缓慢推进，并逐渐减少水、气的排量。

（7）回拖扩孔过程中，应保证孔中有适量的泥浆。

（8）回拖扩孔过程中遇到异常情况，如卡钻，水、气路堵塞，旋转压力和回拖压力突变，地面和构筑物出现变化时，应立即停机检查分析，必要时开挖检查。

（9）扩孔和铺管过程中，机器的操作者在没有得到操作指令时，不能操作水平定向钻机。

（10）完成导向孔的钻进后，要及时清洗钻头和探棒，并将探棒内电池取出，将导向仪器归箱保存。

### 四、作业后的安全检查

（1）作业完成后，应对钻具进行常规检查，检查内容主要包括：

1）扩孔钻头焊缝是否有裂纹；

2）分动器连接销轴及开口销是否有磨损及裂纹；

3）扩孔钻头喷嘴是否堵塞；

4）钻具螺纹是否有损伤；

5）扩孔钻头是否有明显变形。

（2）应认真做好水平定向钻机的使用、维修、保养和交接班的记录工作。

（3）水平定向钻机长期停用时，应采取防雨措施。

## 第三节　安全标准与施工规范

### 一、施工安全技术措施

（1）施工现场的布置应符合防火、防雷击、防洪、防触电等安全规定及安全施工要求，施工现场的生产、仓库、材料堆放场、修理间、停车场等应按业主批准的总平面布置图进行统一布置。

（2）现场道路标识应醒目、清楚、畅通，危险地点应悬挂规定的标牌，夜间有人经过的坑、洞，应设红灯示警，现场道路应符合招标规定并满足施工需要，施工现场应设置大幅安全宣传标语。

（3）氧气瓶不得沾染油脂，乙炔发生器必须有防止回火的安全装置，氧气瓶与乙炔发生器要隔离存放。

（4）施工现场临时用电，严格按《施工现场临时用电安全技术规范》JGJ 46—2005的有关规定执行。

### 二、施工机械安全措施

（1）各种机械操作人员和车辆驾驶员，必须取得操作合格证，方能上岗，不得将机械设备交给无本机操作证的人员操作。对机械操作人员应建立档案，专人管理，定期进行安全培训。

（2）操作人员必须按照机器设备说明书规定和操作规程，严格执行工作前的检查制度和工作中规范操作及工作后的检查保养制度。

（3）机械设备要集中停放，应选择安全的停放地点，夜间设专人看管。

（4）严禁对运转中的机械设备进行维修、保养、调整等作业。

（5）指挥施工机械作业人员，必须站在使人可见的安全地点并应明确规定指挥联络信号。

（6）用钢丝绳拖拉机械或重物时，人员应远离钢丝绳。

（7）起重作业应严格按照《建筑机械使用安全技术规程》JGJ 33—2012 规定的要求执行。

（8）定期对机电设备、车辆进行安全大检查，对检查中查出的安全隐患，严格按照"三不放过"的原则进行调查处理，制定防范措施，防止事故的发生。

### 三、用电安全措施

执行《施工现场临时用电安全技术规范》JGJ 46—2005 的有关规定，主要从以下几方面着手：

（1）建立以施工队长为领导、电工为成员的施工用电管理机构，负责施工用电和生活用电的管理，对供电线路和机电设备的维修、运行及安全操作的贯彻落实，并建立安全用电岗位责任制，在各用电处设用电负责人，挂牌上岗。

（2）施工前对施工人员进行施工现场临时用电安全教育和培训。

（3）对施工现场供电设施除经常维护外，遇大风、暴雨、冰雹、雪、霜、雾等恶劣天气时，应加强对电气设备的巡视和检查。电工操作时必须按规定穿戴配套的劳动保护用品。

（4）停电检修时必须先切断电源，并在工作地点悬挂相应的标志牌。电源的安装、巡检、维修或拆除工作必须由电工亲自操作，并设专人监护。严禁非电工拆装电气设备，严禁乱接乱拉电线，现场配电室开关箱要加锁，并在电气设备明显部位设置"严禁靠近、防止触电"的警示牌。对电器装置定期和不定期地检查接零接地情况。

（5）配电箱等设备不能被雨淋、水淹，为此配电箱放置点要垫高，并且有遮雨设施。动力和照明分设开关，施工设备一机一闸一漏，不得合用开关。

（6）对施工现场使用的电动机械和手持电动工具必须做到：在做好保护接零的同时，还应装设漏电保护器。每台电动机械的开关箱内除装设过负荷、短路、漏电保护外，还应装设隔离开关。

## 第四节　防火安全

操作室内壁、装饰材料和绝缘层以及使用绝缘材料的机器其他部分应由阻燃材料制成。按《农林拖拉机和机械　驾驶室内饰材料燃烧特性的测定》GB/T 20953—2007 进行试验，燃烧率不得超过 200mm/min。

液压软管和热表面之间应有一个挡板或足够大的空隙以阻止高温对软管的损害。所有挡板不应限制发动机冷却空气的流通。

### 一、灭火器

工作质量大于 1500kg 的水平定向钻机应具备用于存放灭火器的空间，且操作者易于接近，或内置一个允许操作者安全逃离机器的灭火系统。

## 二、灭火器的安装

灭火器应设置在操作者容易拿取处，如果是遥控的水平定向钻机应放置在容易看见和触及的位置。

若水平定向钻机有一个以上的灭火器，应分别放置在机器的不同侧。

灭火器不应放置在火灾易发区域如电源、燃油箱附近，而应放置在操作者和火灾易发区域之间。

## 三、燃料和液压回路的防火

发动机舱内的所有燃料和液压回路应符合以下要求：

（1）液压元件不应设置在主要的通风口，以防止油液泄漏扩散到发动机舱；

（2）当使用液压驱动风扇时，风扇液压系统应有适当的防护以确保油液不与火源接触；

（3）所有燃料箱应装有密封盖，且不论机器向哪个方向倾斜，密封盖均是有效的；

（4）所有硬管/软管应以一种方式规定路径，为硬管/软管提供最大的机械保护，防止机械磨损和热损伤；

（5）所有的燃油管路应为金属或金属编织或同等耐磨材料。

# 第五章 设备操作

## 第一节 落实作业条件

### 一、启动水平定向钻机之前，操作员应进行绕行检查以确保机器周围没有危险，并检查设备

（1）检查液面和容量：包括燃油、液压油、发动机冷却液、蓄电池电量、机油、减速机润滑油、动力头齿轮油及泥浆泵润滑油等。

（2）检查设备各部分的状态和功能是否正常、是否有螺栓松动情况。

（3）检查是否有漏油、漏水、漏气现象。

（4）检查各仪表显示是否正常。

（5）检查配套设施是否齐全。

### 二、钻机的固定

（1）根据入土点的要求，将钻机锚固，并规划好安全区域，做好安全防护工作。

（2）根据设计的钻孔轨迹，调整钻机入土角。

（3）将后支腿伸长并与地面压紧。

## 第二节 设备正确启动

### 一、启动机器

（1）发动机启动前，应将各操作杆、操作手柄、开关置于中位位置。

（2）打开电源开关（位于液压油箱下方区域），旋转钥匙开关，接通电源，确保电源接通正常，燃油、液压油充足，各传感器无报警。

（3）按下喇叭开关，警示周围人员远离危险区域。

（4）观察显示器、压力表的显示是否正常。

（5）继续顺时针旋转钥匙开关到底，启动发动机（发动机的启动、使用见发动机使用说明书）。发动机熄火后，钥匙开关必须关闭一次，才能再次启动发动机。

（6）观察发动机的压力、水温、转速等是否正常。

（7）发动机启动后低怠速空转3～5min，使发动机预热。

注意事项：

（1）发动机熄火时，需要先关钥匙开关（一般位于操作台面板上及液压油箱右下侧的电器控制柜内），再关电源开关，否则会使动力头所在位置的信息丢失，需要重新标定动

力头所在的位置。

（2）钻机在低温条件下启动时，向左旋转钥匙开关并维持 30s 左右，待发动机预热后，即可按照正常程序启动。

（3）启动后务必确保急停按钮可正常使用。

## 二、关闭机器

（1）将发动机调到低怠速空转 3～5min。

（2）确保手柄、操作阀杆及按钮开关处于中位。

（3）钥匙开关向左旋转，停止发动机。

（4）拔出钥匙开关，关闭电源总开关，锁紧机罩侧门。

注意事项：

不使用机器时，务必关闭电源总开关，以免电瓶亏电。

# 第三节　操作规程

## 一、操作前检查

（1）检查所有螺纹连接部位是否拧紧、销轴是否稳固。

（2）检查各处润滑脂、润滑油、冷却液、机油等是否充足。

（3）检查液压油、燃油是否充足，液压油路和燃油管路是否泄漏。

（4）检查钻架齿条是否有杂物，保持动力头运行顺畅。

（5）确保急停按钮、操作手柄等功能正常。

## 二、操作警示

启动机器前，按喇叭三次，警示周围人群远离钻机。

## 三、稳定性

钻架水平放置，动力头向前运动时，动力头旋转箱体不允许超过导向轮前端，否则机器整体重心太过靠前，稳定性差，行走时存在前倾的危险。

## 四、设备的角度调节

在锚固座即将接触地面时，拆除锚固座防旋转销轴，防止由于锚固座、随车吊重心不稳造成的事故。

## 五、履带

如果履带过松，应通过履带纵梁侧面的保养孔向张紧液压油缸注入油脂来张紧履带，如图 5-1 所示。如果要放松履带，需缓慢放松加油阀，直到有油脂溢出。

操作过程中注意：不可向保养口中张望，避免高压油喷出伤人；加油阀不可旋得太松，避免零件在高压下飞出伤人。

图 5-1　履带的张紧

## 六、旋转水封

在施工过程中，如果发现旋转接头出现滴水现象，则表明旋转水封已经发生轻微磨损，可以通过下列步骤进行解决，如图 5-2 所示。

图 5-2　旋转水封

（1）将旋转水封的密封圈压紧，螺钉旋转至与外侧拧紧孔相对的位置；

（2）用内六角扳手拧紧孔内的螺钉，调整完成后，必须将内六角扳手取出，否则可能造成设备或人身伤害；

（3）旋转动力头主轴，依次拧紧密封圈的压紧螺钉。

如果通过以上方法，仍不能解决泥浆的泄漏，则可能为密封圈损坏或泥浆的芯轴磨损，需要拆开检查。

## 七、随车吊

（1）在钻机锚固座落地并稳固放置前，不允许使用随车吊起吊重物。

（2）起升重物或抬高吊臂时，小心操作，不允许钢丝绳过卷。

（3）不允许在起吊重物时，同时操作起升和变幅两种动作，或操作随车吊对重物进行冲击操作。

## 八、液压油的泄漏处理

仔细观察液压系统液压油的泄漏情况，如果存在泄漏现象，必须找出泄漏原因并修复。

如在压力没释放时检查或者修复压力管泄漏，必须用一薄板或纸板遮挡，因为在高压下喷出的液体，会穿透皮肤，造成严重伤害。

## 九、更换或者添加液压油

如需更换或添加液压油时，应先将发动机熄火，再缓慢旋松液压油箱顶部空气滤清器，释放油箱内部的压力，防止热油飞溅造成烫伤。

## 十、维护或保养

机器处于启动状态时，不允许进行维修保养作业。需要维修保养人员在钻架下工作时，不允许单独使用液压油缸来支撑设备，必须待机器支撑稳定后，在下方添加钢制支架或其他刚性装置辅助支撑，否则可能造成人员伤害或死亡。

## 十一、发动机的使用

发动机的安全使用说明，详见配套的发动机使用说明书。

## 十二、钻机的稳固

工程施工的顺利，依托于钻机的可靠锚固。如果施工过程中，发生锚固座松动、滑移，将造成设备的损害并导致工程施工的失败。

## 十三、合理的导向曲线

除考虑钻杆的极限弯曲半径外，还需要同时考虑回拖管线的弯曲半径。合理设计导向曲线，是安全回拖管线的重要内容，也是钻机安全施工的前提。不规则或过度弯曲的导向曲线，会造成回拖力的成倍增加，甚至会造成工程失败。

## 十四、合适的泥浆

工程施工时需要适合当地地质的泥浆，泥浆的黏度和配比要适合，且在流量和压力两个方面均要满足使用要求。

## 十五、钻杆及钻具

钻杆、钻具的受载是复合形成的，尽管钻杆的扭矩或推拉力很大，但其为单一载荷作用的结果，在复合载荷作用下，钻杆的受力或扭矩将会降低很多。为保证施工的顺利进行，严禁钻杆的实际使用扭矩超出规定范围。

不同地质使用不同的钻具，各种钻具也会因组合的不同而具有更多的适用范围，合适的钻具会明显加快施工进度。

# 第四节 操作方法与要领

## 一、钻杆钻进入土

（1）根据实际需求调节泥浆泵挡位；

（2）调节发动机油门拉杆，设定发动机转速；

（3）用虎钳将钻具母螺纹与钻杆公螺纹连接并预紧；

（4）后虎钳夹紧钻杆，旋转动力头，将短接头公螺纹和钻杆母螺纹连接并预紧；

（5）按下泥浆泵开关，泥浆泵工作，直到泥浆从钻具前部喷出；

（6）选择钻头导向板入土方向；

（7）缓慢地向前移动动力头，钻进的第一根钻杆应尽量取直；

（8）监测钻机各仪表。

## 二、持续钻进

### （一）人工装卸钻杆

通过人工分别抬起钻杆的两端（或用随车吊吊钻杆中间部位），将新添钻杆的母螺纹一端与动力头连接、公螺纹一端与前面钻杆母螺纹连接，推进动力头前进并旋转主轴，直到新添钻杆与前面钻杆拧紧，然后进行钻进作业。

### （二）配有全自动装卸装置

（1）取下钻杆箱上部钻杆支撑销，支起钻杆升降液压油缸，将所有钻杆顶起并拔出钻杆箱底部的钻杆支撑销；

（2）将限位销插入梭臂上相应的孔内，选择钻杆列数；

（3）确保抓手打开，移动梭臂至需要抓取钻杆的位置；

（4）落下钻杆升降装置，使相对应的钻杆落入抓手内；

（5）抓手抓紧钻杆；

（6）伸出梭臂，将钻杆向前送至动力头主轴中心位置；

（7）推进动力头前进并旋转主轴，使主轴公螺纹与钻杆母螺纹连接；

（8）前虎钳夹紧前面钻杆；

（9）继续推进动力头前进并旋转主轴，直到新添钻杆与前面钻杆拧紧；

（10）松开前虎钳；

（11）松开抓手；

（12）顶起钻杆升降装置，钻杆箱内钻杆被顶起；

（13）收回梭臂至需要抓取钻杆的位置。

### （三）配有半自动装卸钻杆装置

（1）将钻杆放入抓手内，并使钻杆前端与标志杆对齐；

（2）抓手抓紧钻杆；

（3）抓手臂旋转，将钻杆送至动力头主轴位置；

（4）推进动力头前进并旋转主轴，使主轴公螺纹与钻杆母螺纹连接；

（5）松开抓手；

（6）抓手臂旋转至钻机外侧取钻杆处；

（7）前虎钳夹紧前面钻杆；

（8）继续推进动力头前进并旋转主轴，直到新添钻杆与前面钻杆拧紧；

（9）松开前虎钳。

## 三、校正方向

校正方向是操作员通过经验及对设备和土壤条件的了解而采用的一项技术，以下操作仅涉及基本步骤：

（1）钻导向孔时，需要一个操作员用导向仪定位钻头，一个操作员进行记录、计算，并向钻机操作员发出操作指示；

（2）进行校正时，要跟踪钻头，将当前位置与钻孔规划图进行比较，并根据需要对钻头进行转向。

校正时需要考虑的基本规则如下：

（1）转向能力取决于土的条件、所使用钻杆的规格、钻头外形尺寸和喷嘴以及非旋转推进的距离；

（2）所有校正都应当逐渐进行，校正曲率半径不得小于钻杆许可的最小弯曲半径。过度校正会导致"蛇行"，这可能会损坏钻杆，并使钻孔和管线回拖变得更加困难；

（3）不要在钻杆不旋转的情况下，将整根钻杆推入地面。这将超过弯曲半径，导致钻杆损坏。

## 四、钻头出土

（1）将钻头按照设计的钻孔曲线引导至目标坑或地面，一旦钻头露出，导向仪操作员需指示机手关闭泥浆泵。

（2）在更换钻具前，必须先示意机手关闭发动机，再使用组合管钳更换钻具。连接及更换钻具时，严禁启动发动机，否则可能导致人身伤亡。

## 五、回扩孔施工

（1）依据钻机能力、地质条件等因素确定扩孔次数、扩孔钻头型号及特殊地层处理方案。若地质较软，可在扩孔钻头后端增加浮筒防止其下陷，避免钻孔截面变成长圆孔；若有砂层、强风化岩层等存在塌方危险地层，应增加探棒跟踪扩孔钻头，并做好应急措施。

（2）确定泥浆配比和流量。

（3）连接钻杆和扩孔钻头，检查泥浆是否正常喷射。

（4）维持合适的移动速度和转速回拖钻杆。

（5）依次按照扩孔钻头型号大小重复上述步骤，最终完成扩孔作业。

上述步骤仅供参考，详细步骤需专业施工人员依据现场条件进行指导，扩孔钻头需依据钻机性能、最终回扩孔大小、先导孔大小、扩孔级数以及土的条件等因素进行选择。

## 六、拆卸钻杆

### （一）配有钻杆自动装卸装置

（1）用虎钳卸开待卸钻杆与前面钻杆螺纹；

（2）后虎钳夹紧待卸钻杆，动力头反转卸开主轴与钻杆连接螺纹；

（3）伸出梭臂至动力头主轴中心位置；

（4）落下钻杆升降装置，使相对应的钻杆落在梭臂尼龙板上；

（5）松开后虎钳；

（6）抓手夹紧钻杆；

（7）动力头后移至钻杆可进入钻杆箱处；

（8）动力头反转并后移，使主轴与钻杆连接螺纹完全脱开；

（9）收回梭臂至存放钻杆位置；

（10）松开抓手；

（11）顶起钻杆升降装置，钻杆箱内钻杆被顶起。

**（二）配有简易抓手**

（1）用虎钳卸开待卸钻杆与前面钻杆螺纹；

（2）后虎钳夹紧待卸钻杆，动力头反转卸开主轴与钻杆连接螺纹；

（3）动力头后移至钻杆前部墩粗端面与虎钳托架缺口对齐；

（4）抓手臂旋转至钻杆中心；

（5）抓手夹紧钻杆；

（6）动力头反转并后退，使主轴与钻杆连接螺纹完全脱开；

（7）抓手臂带着钻杆旋转至钻架外侧存放钻杆处；

（8）松开抓手。

**（三）人工拆卸钻杆**

（1）用虎钳卸开待卸钻杆与前面钻杆螺纹；

（2）使用后虎钳夹紧钻杆，动力头反转卸开主轴与钻杆连接螺纹；

（3）两个人分别抬起钻杆的两端将钻杆取下（或用随车吊吊钻杆中间部位）。

备注：可根据所购买的产品配置选择适合的操作方式。

## 七、回拖施工

（1）确保所有非施工人员远离正在安装的材料、移动部件，待扩孔钻头、分动器等与回拖管材连接好后，所有人员远离钻具及管线，方可进行回拖作业。

（2）先回拖但不旋转，直到钻头已经开始入土，再缓慢进行旋转操作。

（3）非不可抗力因素，回拖作业不允许中断（或是中途停工休息），否则极有可能导致工程失败。

（4）若回拖过程因故不得不中断时，需要间歇性向孔内注浆，保持孔内泥浆流动性，并防止泥浆流失造成塌孔埋管。

# 第五节　导向装置操作

常用无线导向仪器的导向方法分为三点法和峰值法。

## 一、三点法

第一步，确认前点。前点的标志是前点圈在探棒的前面，平稳地向前移动直到前点圈落在小方框内，接收仪应在前点的上方，如图5-3所示。

第二步，确认后点。后点的标志是后点圈在探棒的后面，平稳地向后移动直到后点圈落在小方框内，接收仪应在后点的上方，如图5-4所示。

第三步，后点沿前后点连线平稳地向前点移动。当一条水平线与十字线水平线重合时，接收仪应在探棒上方，如图5-5所示。

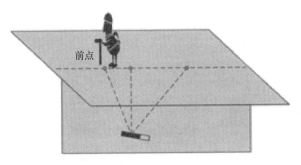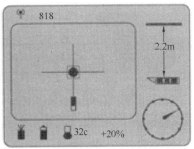

图 5-3　三点法第一步

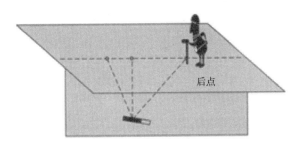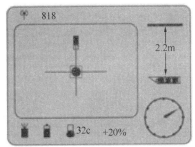

图 5-4　三点法第二步

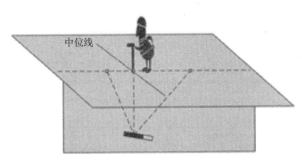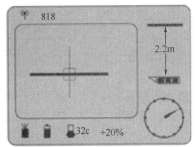

图 5-5　三点法第三步

## 二、峰值法

沿钻进方向找到中位线，如图 5-6 所示。

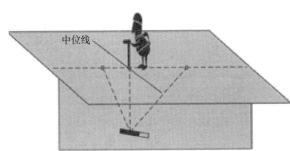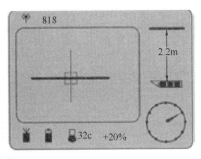

图 5-6　峰值法找中位线

沿中位线方向左右平稳移动找到信号最强点，或者深度最小点，如图 5-7 所示。

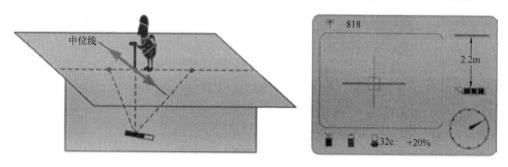

图 5-7　峰值法找最强点

# 第六节　运输与贮存

## 一、设备的转场

在钻机转场时，应注意以下事项：

（1）不允许机手或其他人员搭乘在钻机上，否则可能造成人身伤害。

（2）检查锚固座防旋转销轴、随车吊限位销等紧固件是否安装到位。

（3）钻机移动时，为保证较好的爬坡角和稳定性，钻架应水平放置，动力头放置在钻机后部。

（4）钻机上下坡时，发动机应处于低速运转状态。

（5）严格执行安全操作要求。钻机在水平地面或下坡路面上移动时应前行，在上坡路面移动时应倒退走。操作人员应位于钻机后方。

（6）钻机转弯时，需要逐次、缓慢操作，避免急转弯及突然转弯，防止钻架晃动过大。

（7）使用拖车运输时，要注意将钻机锚固座完全落下，履带固定可靠，并确保用合适的缆索固定好机器。

## 二、设备的装运

钻机在长距离转场时，需用低底盘拖车运输。钻机具有行走底盘，但必须有爬梯（一般需自己焊接），才可以自行爬上运输车辆，不必依靠起重机。

支架尺寸要求如图 5-8 所示（单位 mm）。

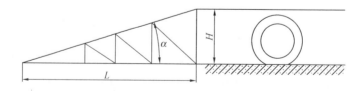

图 5-8　支架尺寸要求图

图中：$H$ 为运输车辆运输平台距离地面的高度，要求 $\alpha \leqslant 16°$（即 $L \geqslant 3500\text{mm} \times H$）。

爬梯要能承受钻机的整机重量，并有一定的安全系数。

## 三、日常贮存与防护

贮存钻机时应注意以下事项：

（1）钻机贮存前，对整机进行清洗，特别是应对泥浆管路系统进行清理，保持整机干净、整洁。

（2）建议将锚固座放平在地面上，摇臂液压油缸、角度液压油缸、钻架滑移液压油缸应尽可能处于收缩状态。

（3）关闭机器操作，对阀块操作杆、翘板开关、钥匙开关、电源总开关等进行检查。

（4）钻机放置的场所要求能够遮风挡雨、温度适宜，远离易燃、易爆等危险物品。

（5）机器需用帆布盖住，防止灰尘、粉尘等损坏机器重要部位。

（6）每隔20天对电瓶进行充电，并每隔1个月左右启动钻机一次，且对整机所有动作试验2~3次。

（7）若停机时间超过2月，需定期检查旋转箱体、柴油箱、液压油箱油体清洁度，若不符合要求，则需清洗箱体后更换油体。

## 第七节　控制符号

### 一、控制符号与信息符号（表5-1、表5-2）

其中，控制符号无特殊说明时，均为黑色。

控制符号　　　　　　　　　　表5-1

| 名称 | 图形符号 | 说明 | 名称 | 图形符号 | 说明 |
|---|---|---|---|---|---|
| 接通/启动 | | | 常速 | | |
| 断开/停止 | | | 快速 | | |
| 接通和断开 | | | 锁定功能 | | |
| 急停执行器 | | 红色蘑菇形按钮，带有黄色衬底 | 开启功能 | | |

续表

| 名称 | 图形符号 | 说明 | 名称 | 图形符号 | 说明 |
|------|---------|------|------|---------|------|
| 顺时针旋转 | | | 压力 | | |
| 变化，直线调节 | | | 油压 | | |
| 变化，旋转调节 | | | 遥控 | | |
| 慢速 | | | 自动循环 | | |

信息符号    表 5-2

| 名称 | 图形符号 | 说明 | 名称 | 图形符号 | 说明 |
|------|---------|------|------|---------|------|
| 起吊点 | | | 稳定性限制-纵向角度 | | 方块由机器的简图代替 |
| 捆系点 | | | 稳定性限制-横向角度 | | 方块由机器的简图代替 |

## 二、用于钻孔操作控制的符号（表 5-3）

用于钻孔操作控制的符号    表 5-3

| 名称 | 图形符号 | 说明 | 名称 | 图形符号 | 说明 |
|------|---------|------|------|---------|------|
| 气能 | | | 液流-减弱 | | |
| 压缩空气流-充满 | | | 气动系统压力 | | |

| 名称 | 图形符号 | 说明 | 名称 | 图形符号 | 说明 |
|---|---|---|---|---|---|
| 压缩空气流-减弱 | | | 水压 | | |
| 带油空气流-充满 | | | 有限旋转和返回 | | |
| 带油空气流-减弱 | | | 摆动式旋转运动(连续的) | | |
| 液流-充满 | | | | | |

## 三、通用机器功能符号（表5-4）

通用机器功能符号　　　　　　　　　　　　表5-4

| 名称 | 图形符号 | 说明 | 名称 | 图形符号 | 说明 |
|---|---|---|---|---|---|
| 离心泵 | | | 浮动 | | |
| 活塞泵 | | | 外伸支腿-左梁-水平伸出 | | |
| 泵功能符号 | | X＝G 稀浆泵 X＝C 水泥泵 X＝M 泥浆泵 | 外伸支腿-左支腿-垂直伸出 | | |
| 离心泵，压力 | | | | | |

## 四、移位行走符号（表5-5）

移位行走符号　　　　　　　　　　　　表5-5

| 名称 | 图形符号 | 说明 |
|---|---|---|
| 履带底盘的移位行走，向前和向后 | | |

## 五、专用符号（表5-6～表5-13）

主机和钻架符号 表5-6

| 名称 | 图形符号 | 说明 | 名称 | 图形符号 | 说明 |
|------|---------|------|------|---------|------|
| 机器/基本符号 | | | 动力头-向下/推进 | | |
| 机器支架/钻架角度-向上 | | | 支腿-向上 | | |
| 机器支架/钻架角度-向下 | | | 支腿-向下 | | |
| 动力头-向上/回拖 | | | | | |

前虎钳符号 表5-7

| 名称 | 图形符号 | 说明 | 名称 | 图形符号 | 说明 |
|------|---------|------|------|---------|------|
| 虎钳行走-向前 | | | 虎钳-关闭 | | |
| 虎钳行走-向后 | | | 虎钳-打开 | | |

钻杆支撑符号 表5-8

| 名称 | 图形符号 | 说明 | 名称 | 图形符号 | 说明 |
|------|---------|------|------|---------|------|
| 钻杆对接校正-上升 | | | 钻杆支撑-上升 | | |
| 钻杆对接校正-下降 | | | 钻杆支撑-下降 | | |

钻头符号　　　　　　　　　　　　　表 5-9

| 名称 | 图形符号 | 说明 | 名称 | 图形符号 | 说明 |
|---|---|---|---|---|---|
| 钻头-基本符号 | | | 钻头-推进 | | |
| 钻头-向前旋转 | | | 泥浆-全部流量 | | |
| 钻头-倒退旋转 | | | 泥浆-部分流量 | | |
| 钻头-收回 | | | | | |

地锚符号　　　　　　　　　　　　　表 5-10

| 名称 | 图形符号 | 说明 | 名称 | 图形符号 | 说明 |
|---|---|---|---|---|---|
| 地锚-基本符号 | | | 地锚-旋进 | | |
| 地锚-压入/向下 | | | 地锚-旋出 | | |
| 地锚-拔出/向上 | | | | | |

钻杆夹钳符号                                                                            表 5-11

| 名称 | 图形符号 | 说明 | 名称 | 图形符号 | 说明 |
|---|---|---|---|---|---|
| 夹钳-基本符号 | | | 旋转夹钳-顺时针旋转(拆除较高的铰点) | | |
| 旋转夹钳-基本符号 | | | 固定夹钳-基本符号 | | |
| 旋转夹钳-夹紧 | | | 固定夹钳-关闭 | | |
| 旋转夹钳-打开 | | | 固定夹钳-打开 | | |
| 旋转夹钳-逆时针旋转(拆除较低的铰点) | | | | | |

钻杆装载符号                                                                            表 5-12

| 名称 | 图形符号 | 说明 | 名称 | 图形符号 | 说明 |
|---|---|---|---|---|---|
| 钻杆装载-自动循环开启 | AUTO | | 钻杆装载-钻杆提升 | | |
| 钻杆装载-自动循环关闭 | AUTO | | 钻杆装载-钻杆下降 | | |
| 钻杆装载-自动循环 | | | 钻杆装载-钻杆拉开 | | |
| 钻杆装载-钻杆放出 | | | 钻杆装载-钻杆缩回 | | |
| 钻杆装载-钻杆装入 | | | 钻头-冲击锤体 | | |

泥浆供给符号

表 5-13

| 名称 | 图形符号 | 说明 | 名称 | 图形符号 | 说明 |
|---|---|---|---|---|---|
| 液体供给/来源-基本符号 | | | 液体箱-进口 | | |
| 液体供给/来源-全部流量 | | | 液体箱-出口 | | |
| 液体供给/来源-部分流量 | | | 液体搅拌箱-基本符号 | | |
| 液体供给/来源-可变流量 | | | 液体搅拌箱-进口 | | |
| 液体供给/来源-切断 | | | 液体搅拌箱-出口 | | |
| 水泵-高压 | | | 防冻剂箱-基本符号 | | |
| 泵-离心 | | | 防冻剂箱-出口 | | |
| 流体泵-基本符号 | | | 水/洗涤枪 | | |
| 流体泵压力 | | | 进口/压力/供给 | | |
| 液体箱-基本符号 | | | 出口/返回 | | |
| 液体箱-压力 | | | | | |

# 第六章　日常维护与保养

## 第一节　常见故障的诊断与排查

### 一、虎钳常见故障与排除

虎钳常见故障是无法卸下钻杆。具体原因为：钻杆螺纹粘扣、虎牙磨损、虎钳夹紧液压油缸泄漏、液压系统压力不够、虎钳电磁阀损坏、未使用正规的丝扣油、螺纹连接处有异物。排除方法如下：

（1）检查虎牙是否磨损，如虎牙齿面已磨损，需及时更换虎牙。

（2）测量液压油缸是否内泄。方法：先将液压油缸夹紧，再拧下有杆腔侧的管路接头，继续加压，看接头是否有油持续冒出，如果有则说明液压油缸出现内泄，需维修或更换油缸。

（3）检查虎钳夹紧液压油缸压力是否达到设定值，同时检查钻杆的夹持接头端是否正确。只能夹持在镦粗端，螺纹啮合处严禁夹持。

（4）检查虎钳电磁阀是否卡阀损坏，可拆卸阀芯，并用汽油清洗。

（5）检查施工过程中，是否存在扭矩的突然冲击且冲击超出钻杆的允许使用扭矩，如存在较大冲击，可能造成地下钻杆组的螺纹被拧紧，从而造成钻杆螺纹的粘扣。

（6）检查施工中是否使用了正规的丝扣油。

（7）检查施工中在连接螺纹时，是否存在钻杆螺纹未清理干净，使异物进入螺纹啮合处，造成螺纹咬伤的情况。

### 二、动力头常见故障与排除

动力头常见故障有油封渗漏油、动力头异响、保护短接头螺纹磨损、减速机高温、保护短接头母螺纹或短接头的公螺纹松动、动力头旋转无力等。各种故障的排除方法如下：

**（一）油封渗漏油**

（1）拆开端盖检查骨架油封的唇口是否被磨坏或划伤，如果划伤需要更换骨架油封。

（2）检查主轴和骨架油封接触处，观察主轴是否有凹槽、主轴是否被划伤，如果主轴表面被划伤或有凹槽，则需要同时更换主轴和骨架油封。

（3）检查主轴轴承是否存在问题，如轴承磨损，则需更换轴承。

**（二）动力头异响**

（1）判断异响是来自减速机还是动力头齿轮箱之前，首先需要排除将马达的正常运转声音当成异响的情况。

（2）如减速机异响，需将减速机的润滑油及时更换，并观察更换下来的润滑油是否存在铁屑等杂物。如更换出来的润滑油铁屑较多，且噪声没有改变，则需要更换减速机的轴承或内部齿轮，需要专业的维修人员判断并排除故障。

（3）如齿轮箱异响，需检查齿轮的齿面是否完好。如齿面完好，噪声来自箱体内轴承，则需更换轴承。

### （三）保护短接头螺纹磨损

保护短接头为易损件，保护短接头是为了保护钻杆，防止钻杆被磨损而造成巨大的经济损失，而故意设置的一个薄弱环节。保护短接头螺纹磨损的判断标准为：通过目视可以看见保护短接头前端螺纹几乎被磨平。

为了工程施工的安全及顺利进行，在工程施工前，需多准备几件保护短接头。

### （四）减速机高温

在环境温度高、旋转持续高压的工作情况下，旋转减速机容易出现减速机高温现象（旋转减速机的温度超过 90℃）。如果出现此情况，需首先检查减速机内的润滑油是否较少，若润滑油较少，则需添加；其次应及时为旋转减速机更换润滑油，如更换油品后仍不能解决原问题，需要及时与厂家联系。

### （五）保护短接头母螺纹或短接头的公螺纹松动

在拆卸钻杆时，易出现保护短接头的母螺纹或短接头的公螺纹松动现象，出现此情况后，不得尝试用虎钳拧紧，否则会因短接头螺纹的过度磨损而造成更大的损失。首先应将保护短接头、短接头、浮动芯轴的螺纹清理干净，然后在螺纹上涂抹螺纹胶或熔化的松香，使用动力头及虎钳将其依此拧紧，使用螺纹胶须静置 48h，使用松香只要松香凝固即可。由于静置的时间长，需在设备准备阶段做好螺纹的拧紧工作。

### （六）动力头旋转无力

动力头旋转无力一般为旋转液压系统的部分液压元件出现了故障，导致旋转压力不足。故障的排除方法如下：

（1）进行反转憋压，若反转压力正常，可对调旋转泵上正反转的压力调节阀，调整后若变成反转压力不足，则说明正转的压力调节阀出现故障，可进行调节或更换。

（2）若正反转憋压试验均达不到设定值，首先需要拆除旋转马达壳体管路，进行正转憋压试验，观察旋转马达壳体油口的泄漏量。若旋转马达壳体油口有大量油液喷出，则说明旋转马达内泄严重，旋转马达需要更换；若旋转马达壳体油口泄漏量正常，则说明旋转马达正常，需要检查旋转泵是否正常。

（3）检查旋转泵补油溢流阀是否正常，若异常需要调节或更换。

（4）检查旋转泵是否内泄严重，若内泄严重需要维修或更换。

## 三、发动机常见故障与排除

发动机常见故障有启动困难、功率不足（掉转速）、冷却液高温等。各种故障的排除方法如下：

### （一）启动困难

（1）检查电瓶电压是否过低，若较低，则需对电瓶进行充电或更换。

（2）检查燃油是否充足，若不足需要添加燃油。

（3）检查燃油滤清器内脏污是否较多，若脏污较多需要更换燃油滤清器。

（4）检查空气滤清器内脏污是否较多，若脏污较多需要更换空气滤清器。

（5）检查燃油管路是否松动导致燃油系统进气，若松动需要拧紧管路接头并排出管路内的空气。

**（二）功率不足（掉转速）**

（1）检查燃油是否充足，若不足需要添加燃油。

（2）检查燃油滤清器内脏污是否较多，若脏污较多需要更换燃油滤清器。

（3）检查空气滤清器内脏污是否较多，若脏污较多需要更换空气滤清器。

（4）检查燃油管路是否松动导致燃油系统进气，若松动需要拧紧管路接头并排出管路内的空气。

（5）检查机油压力是否异常，若异常需要更换机油。

**（三）冷却液高温**

（1）检查散热器芯体是否被油污、灰尘、柳絮、树叶等堵塞，若堵塞需要清理散热器芯体。

（2）观察发动机冷却风扇扇叶是否完好、运转是否顺畅；若不正常需要更换扇叶或整个风扇。

（3）观察冷却液是否充足，若缺少需要添加冷却液。

（4）检查发动机机油油位是否正常，若机油油位过低需要添加机油。

（5）检查发动机水泵或发动机节温器是否损坏，若损坏需要更换。

# 第二节　定期保养要求

整机保养进度见表 6-1。

保养周期表　　　　　　　　　　　　　　　　　　表 6-1

| 维护项目 | | 维护周期（h） | | | | | |
|---|---|---|---|---|---|---|---|
| | | 检查 | 排水 | 清洁 | 加润滑油（脂） | 首次更换 | 定期更换 |
| 底盘 | 履带张紧度检查 | 10 | | | | | |
| | 行走减速机 | 10 | | | | 100 | 1000 |
| 钻架 | 摇臂及摇臂液压油缸 | | | | 500 | | |
| | 角度液压油缸 | | | | 500 | | |
| | 钻架滑移液压油缸 | | | | 500 | | |
| | 齿条 | 10 | | 50 | 50 | | |
| | 导向架 | | | | 10 | | |
| | 钻架滑移面 | | | 50 | 50 | | |
| 动力头 | 耐磨板 | 50 | | | | | |
| | 齿轮油 | 50 | | | | 100 | 1000 |
| | 短接头、保护短接头 | 10 | | | | | |
| | 空气滤清器 | 10 | | | | | |

续表

| 维护项目 | | 维护周期(h) | | | | | |
|---|---|---|---|---|---|---|---|
| | | 检查 | 排水 | 清洁 | 加润滑油（脂） | 首次更换 | 定期更换 |
| 动力头 | 油封 | 10 | | | | | |
| | 滚轮轴承 | 10 | | | 50 | | |
| | 旋转接头轴承 | 10 | | | 50 | | |
| | 推拉轴承 | 10 | | | 50 | | |
| | 旋转和推拉减速机 | 10 | | | | 100 | 1000 |
| | 浮动芯轴 | | | | 50 | | |
| 虎钳 | 耐磨板 | 50 | | | | | |
| | 虎钳分离、旋转液压油缸 | | | | 50 | | |
| | 后虎钳体 | | | | 50 | | |
| | 固定螺栓 | 50 | | | | | |
| | 整移马达轴承 | 10 | | | 50 | | |
| | 虎牙 | 10 | | | | | |
| 电气系统 | 前、后限位开关 | 10 | | | | | |
| | 蓄电池 | 250 | | | | | |
| 液压系统 | 液压油位 | 10 | | | | 1000 | 2000 |
| | 液压油过滤器 | | | | | 250 | 500 |
| | 渗漏 | 工作前 | | | | | |
| 机棚 | | | | | 250 | | |
| 燃油箱 | | 10 | | | | | |
| 紧固件 | | 50 | | | | | |

注：对齿轮、齿条表面的润滑，严禁使用润滑脂。
    使用润滑脂可能造成异物的附着，造成齿条或齿轮的轮齿折断。

# 第三节　日常检查与保养

## 一、行走系统

### （一）履带张紧度

每工作 10h 检查履带的张紧度。

仅当履带太松或太紧时才调节履带张紧度。履带张紧度必须始终处于合适状态，履带合适的张紧度为 20～30mm。张紧度检查如图 6-1 所示。

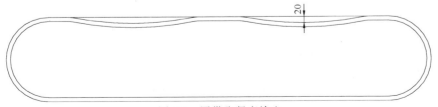

图 6-1　履带张紧度检查

张紧液压油缸中的润滑脂是加压用的，拧松黄油嘴时绝不允许超过一圈，更不允许拆下黄油嘴。如果黄油嘴被旋得太松或拆下，在压力作用下，润滑脂会被挤压出来，可能造成人身伤害。

履带张紧与调松步骤：

（1）将润滑油嘴的端盖拆掉。

（2）将润滑油嘴擦拭干净。

（3）调松履带时，逆时针方向旋转黄油嘴，但不超过一圈，让润滑脂排出，履带放松，当履带达到理想张紧度时，将黄油嘴按顺时针拧紧，拧紧力矩45～60N·m，清除黄油嘴周围多余的润滑脂；张紧履带时，使用注油设备加注润滑脂，直到达到理想的张紧度为止。

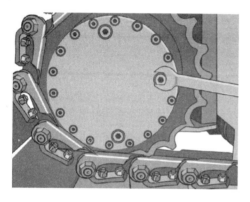

图6-2 行走减速机

（4）装上端盖。

**（二）行走减速机**

行走减速机（图6-2）动作前每工作10h或每日检查减速机油位。行走减速机首次更换油品时间为100h，此后每工作1000h更换或每年更换一次。行走减速机上有FILL、LEVEL、DRAIN标识，分别对应减速机的加油口、油位观察口和放油口。

更换油品步骤如下：

（1）转动履带，使加油口和放油口分别位于时针盘面的上下位置。

（2）将一只容器置于放油口下方。注意：从行走减速机放出齿轮油时，要始终用容器接着，容器的容量要大于行走减速机的容量，以免油液溢出，绝不允许将油液泄漏到地面上。

（3）旋下加油螺塞和放油螺塞。

（4）待齿轮油放净后，擦净表面，安装并拧紧放油螺塞。

（5）把干净的齿轮油从加油口加入，直到齿轮油从油位观察口中流出为止。

（6）安装并拧紧加油螺塞、油位螺塞。

（7）检查是否有漏油之处。

（8）如果齿轮油从行走减速机的密封件漏出，需要更换密封件。

## 二、钻架

**（一）前固定轴**

每工作250h需要对钻架前固定轴进行润滑。前固定轴共1个润滑点（图6-3）。

**（二）角度液压油缸**

每工作500h需要对角度液压油缸进行润滑。角度液压油缸共1个润滑点。

**（三）齿条**

每工作10h或每日需要检查钻架齿条润滑情况。每工作50h或每周需要对钻架齿条进行润滑。

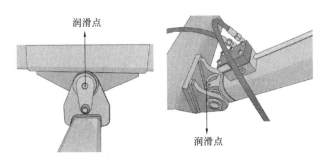

图 6-3　前固定轴润滑点

### （四）滑轨

每工作 10h 或每日需要检查钻架滑轨（图 6-4）润滑情况。

每工作 50h 或每周需要对钻架滑轨进行润滑。

### （五）钻架滑移液压油缸

每工作 500h 需要对钻架滑移液压油缸进行润滑。钻架滑移液压油缸有 1 个润滑点。

### （六）钻架滑移面

在工程施工结束后，在钻架滑移前，需要在钻架滑移面涂抹润滑脂。

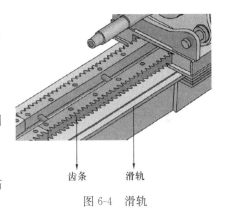

图 6-4　滑轨

### （七）钻杆托架液压油缸

每工作 50h 需要对钻杆托架液压油缸进行润滑。钻架托架液压油缸有 2 个润滑点。

## 三、钻杆自动装卸装置

### （一）夹紧块、垫块、滑板

每工作 50h 或每周需要对钻杆自动装卸装置上的夹紧块、垫块及滑板进行检查，并视需要进行更换（图 6-5）。

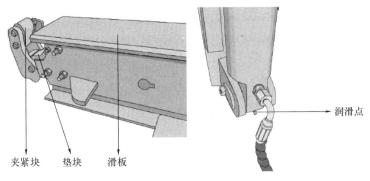

图 6-5　钻杆自动装卸装置检查点

### （二）升降液压油缸

每工作 50h 或每周需要对钻杆升降液压油缸进行润滑。

设备上通常设有 2 个升降液压油缸，每个液压油缸上设有 1 个润滑点，共 2 个润滑点。

## 四、动力头

动力头示意见图 6-6。

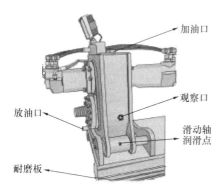

图 6-6　动力头

### （一）耐磨板

每工作 50h 或每周需要对动力头耐磨板进行检查，并视需要增加垫片或更换耐磨板。

### （二）滑动轴

每工作 10h 或每日需要对动力头滑动轴进行润滑。

### （三）齿轮油

每工作 50h 或每周需要检查动力头齿轮油油位及泄漏情况。

设备工作 100h 首次更换动力头齿轮油，此后每工作 1000h 或每年更换一次齿轮油。

动力头侧板设有放油口，将软管上的管堵拧掉后即可排出箱体内部的齿轮油。

动力头顶部设有加油口，将顶部螺塞拧掉后即可对动力头加注齿轮油。

动力头箱体上设有齿轮油观察口，加油时齿轮油达到观察口的 2/3 位置处即可。

### （四）短接头、保护短接头

每工作 10h 或每日需要检查动力头短接头（图 6-7）及保护短接头的表面及螺纹磨损情况，视需要进行更换。

注意：使用已经磨损的保护短接头，钻杆和保护短接头之间的连接会不可靠，并会造成钻杆螺纹的损坏。

### （五）轴承

每工作 50h 或每周需要对动力头推拉减速机轴承进行润滑。

动力头上设有多个推拉减速机，每个推拉减速机上有 1 个润滑点（图 6-8）。

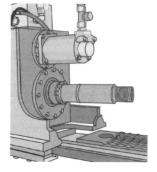

图 6-7　动力头短接头

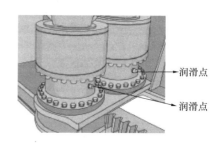

图 6-8　轴承润滑点

### （六）旋转和推拉减速机

每工作 10h 或每日检查减速机油位。

推拉减速机首次更换油品时间为 100h，此后每工作 1000h 更换或每年更换一次。

推拉减速机上设有通气孔、加油孔、观察孔、放油孔（图 6-9）。

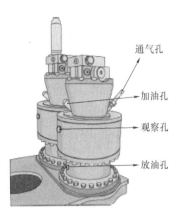

图 6-9　旋转和推拉减速机
检查

推拉减速机更换齿轮油步骤如下：

（1）拧下放油孔螺塞，使减速机内部的齿轮油放出，待排放彻底后拧上螺塞；

（2）通过加油孔加注齿轮油，齿轮油加注至观察孔高度即可。

## 五、虎钳

### （一）虎钳旋转液压油缸

每工作 50h 或每周需要对虎钳旋转液压油缸进行润滑（图 6-10）。

### （二）滑动轴

每工作 50h 或每周需要对虎钳滑动轴进行润滑。

虎钳上共有 2 根滑动轴，每根滑动轴上共有 2 个润滑点（图 6-11）。

图 6-10　虎钳旋转液压油缸
润滑点

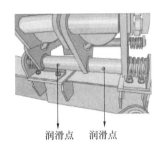

图 6-11　滑动轴润滑点

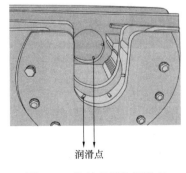

图 6-12　旋转虎钳体润滑点

### （三）旋转虎钳体

每工作 50h 或每周需要对旋转虎钳体进行润滑（图 6-12）。

### （四）固定螺栓

每工作 50h 或每周需要对虎钳固定螺栓进行检查，确保螺栓连接紧固。

### （五）导向架

每个工作日均需要对导向架滚轮进行润滑（图 6-13）。

### （六）调整螺栓

每工作 50h 需要对调整螺栓（图 6-14）进行检查，

确保夹持块夹紧钻杆时不会翘起。

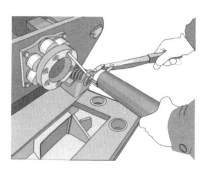

图 6-13　导向架润滑点

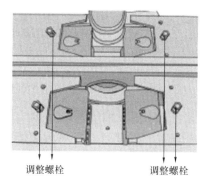

调整螺栓　　　　　调整螺栓

图 6-14　调整螺栓

### （七）虎牙

每工作 10h 需要检查虎牙（图 6-15）的磨损情况。

虎牙的齿尖必须完好，没有因磨损而消失，可根据需要进行更换。

虎牙的更换步骤：

（1）将两夹紧液压油缸伸出，但不要和钻杆或短接头接触；

（2）拆掉保持块一侧的挡板及螺栓；

图 6-15　虎牙

（3）将虎牙抽出，并更换新虎牙；

（4）以相反顺序装配。

## 六、锚固装置

### （一）地锚液压油缸

每工作 250h 或每月需要对地锚液压油缸进行润滑（图 6-16）。

### （二）轴承

每工作 250h 或每月需要对地锚马达驱动轴上的轴承进行润滑（图 6-17）。

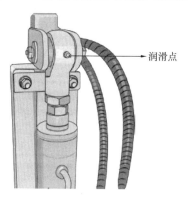

润滑点

图 6-16　地锚液压油缸润滑点

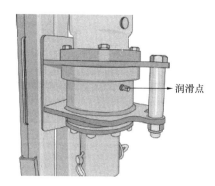

润滑点

图 6-17　轴承润滑点

# 七、发动机

## （一）发动机日常保养进度（表6-2）

发动机日常保养进度表　　　　　　　　　　　表6-2

| | 规定时间间隔 | | | | | 备注 |
|---|---|---|---|---|---|---|
| | 每天或加油后 | 每250h | 每500h | 每1000h | 每2000h | |
| 检查 | | | | | | |
| 润滑油油面 | ● | | | | | |
| 冷却液面 | ● | | | | | |
| 驱动皮带 | ● | | | | | |
| 油水分离器 | ● | | | | | |
| 换/更换 | | | | | | |
| 润滑油 | | ● | ● | ● | ● | |
| 润滑油滤清器 | | ● | ● | ● | ● | |
| 冷却剂滤清器 | | ● | ● | ● | ● | |
| 燃油滤清器 | | | ● | ● | ● | |
| 防冻液 | | | | | ● | |
| 燃油过滤器 | | | | | ● | 具体见相应发动机保养手册 |
| 调整 | | | | | | |
| 气门间隙 | | | | ● | ● | |
| 检查/检验 | | | | | | |
| 空气滤清器 | | ● | ● | ● | ● | |
| 进气系统 | | ● | ● | ● | ● | |
| 中冷器 | | ● | ● | ● | | |
| 空气压缩机 | | | | | ● | |
| 防冻液 | | | ● | ● | | |
| 风扇轴壳 | | | | ● | ● | |
| 皮带张力 | | | | ● | | |
| 皮带张紧轮轴承 | | | | ● | | |
| 减振器 | | | | | ● | |

## （二）启动前检查项目

在启动发动机前，检查润滑油油面高度和冷却液液面高度，检视是否有下列情况：

（1）泄漏；

（2）松动或损坏的部件；

（3）磨损或损坏的皮带；

（4）发动机外观的任何改变。

### （三）油水分离器

每工作 10h 或每天排放油水分离器中的水和沉淀物。

关闭发动机，打开泄放阀，逆时针转动阀门使阀门降下，排放其中的水和沉淀物直至可见到洁净的燃油位置（图 6-18）。

切勿过分旋紧阀门，过分旋紧会损坏螺纹。

推上阀门并顺时针转动阀门，关闭泄放阀。

### （四）机油

发动机首次工作到 50h 时，应联系发动机厂家人员进行发动机检查及确认，之后每工作 250h 更换机油一次。

关闭发动机后至少等待 5min 再检查润滑油，润滑油油面处于油标尺"L"（低）标志和"H"（高）标志之间（图 6-19）。

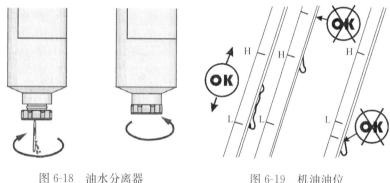

图 6-18　油水分离器　　　　　图 6-19　机油油位

检查机油时，发动机必须处于水平位置，以保证测量结果的正确。

### （五）冷却系统

（1）冷却系统的清洗

1）打开水箱和发动机润滑油冷却器的排放阀，排放冷却液（图 6-20）。

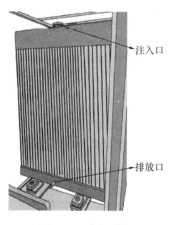

注入口

排放口

图 6-20　冷却系统

等待温度降到 50℃以下再拆卸散热器压力盖，否则高温冷却液喷洒会导致人身伤害。

2）用碳酸钠和水的混合物（或其他同类产品）注入系统。混合物的混合比例为：每 23L 水加入 0.5kg 碳酸钠。

3）启动发动机，当冷却液温度达到 80℃以上时，运行发动机 5min。

切勿安装水箱盖。在冷却系统冲洗过程中，发动机运行时不盖水箱盖。

4）关闭发动机，排放冷却系统中的清洗液。

（2）冷却液的注入

1）关闭所有泄放阀，向散热器中添加浓度为 50% 的防冻液（图 6-21）。

注入时，必须将空气从发动机冷却系统管道中排出，缓慢注入以防止空气滞留，等待 2～3min 使空气排出，然后添加冷却剂，直到冷却剂液面达到水箱注入颈底部，严禁添加过量。

2）安装压力盖，开动发动机直至发动机温度达到80℃。

3）待发动机冷却后，重新检查散热器冷却剂液面，视情况补充冷却剂，保证散热器呈注满状态。

切勿使用密封添加剂以阻止冷却系统的泄漏，这将导致冷却系统阻塞和冷却液不充分流动，从而造成发动机过热。

不得将冷的冷却液加入到热的发动机中，这会损坏发动机铸件。在添加冷却液之前，应使发动机冷却到50℃以下。

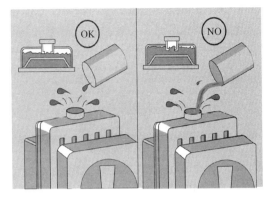

图 6-21 冷却液注入

（六）驱动轮皮带

每工作10h或每日检查驱动轮皮带。检查方法为目测，检查项目为：有无交叉裂缝、磨损或小片材料脱落，如有则更换皮带。

（七）冷却风扇

风扇扇叶故障会导致人身伤害，切勿拉动或撬动风扇，否则会损坏风扇扇叶并造成风扇事故。

每工作10h或每日需要对冷却风扇进行目测检查。检查有无裂缝、铆钉松动、扇叶弯曲松动，检查风扇是否固定牢固。如果必要，旋紧螺栓或更换损坏的风扇。

（八）机油滤清器

每工作250h应定期更换机油滤清器（图6-22）。

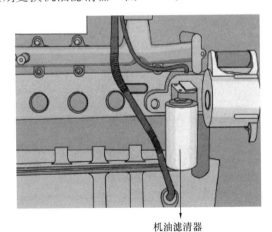

机油滤清器

图 6-22 机油滤清器

（九）进气系统

检查进气管道有无损坏破裂的软管、松动的管夹。

根据需要旋紧或更换部件以确定进气系统没有泄漏。

（十）空气滤清器

切勿运行没有空气滤清器的发动机。必须滤清进气，以免脏物和垃圾进入发动机从而造成早期磨损。

当报警器显示滤芯需要更换或保养时，请按以下步骤操作（图 6-23）：

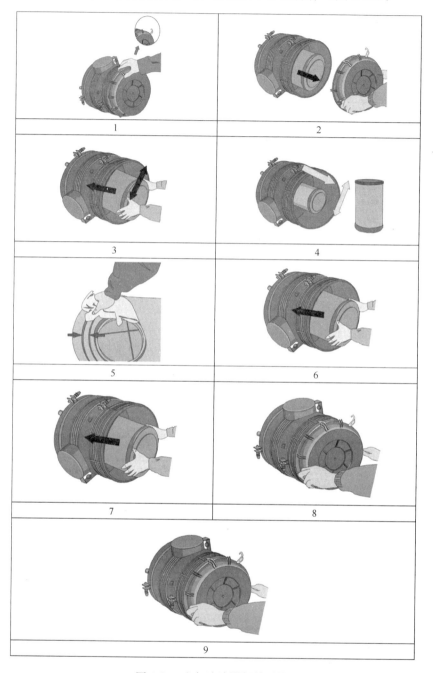

图 6-23　空气滤清器保养更换

（1）用拇指掰开六个卡扣。

（2）用手握住卡扣，按图示方向拉开盖子。

（3）用双手轻轻地左右摇动主滤芯，并慢慢拔出主滤芯。

（4）轻轻地左右摇动安全滤芯，并慢慢拔出，安全滤芯不需保养，如果需要应直接更换安全滤芯。

（5）用布把筒体内部箭头所指的两侧擦拭干净，以免影响安装及密封效果。

（6）检查安全滤芯并装入筒体内。

（7）检查、更换主滤芯并装入筒体内。

（8）盖上盖子，注意排尘带保持向下。

（9）锁上卡扣，装配完成。

### （十一）燃油滤清器

每工作 250h 定期更换燃油滤清器，更换时按照以下步骤操作（图 6-24）：

（1）清洁燃油滤清器盖周围的区域，卸下燃油滤清器。

（2）清洁燃油滤清器盖的密封垫表面。

（3）更换 O 形密封圈。

（4）将清洁燃油注入新的燃油滤清器并用洁净的 15W-40 发动机润滑油润滑 O 形密封圈。

（5）拧上新的燃油滤清器。

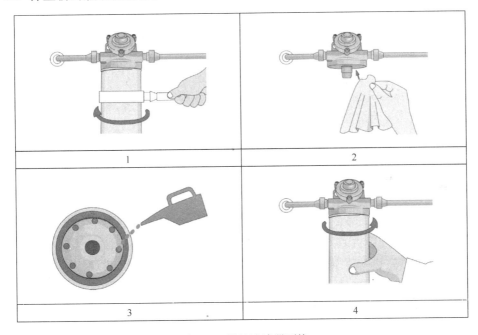

图 6-24　燃油滤清器更换

为防止燃油泄漏，应确保燃油滤清器已安装紧密，但不应旋得过紧，否则机械性旋紧会损伤燃油滤清器。

### （十二）增压空气冷却器

每工作 250h 或每月需检查增压空气冷却器，目测其是否有裂缝、孔洞或损坏；检查管子、散热器和焊缝是否有裂口、破裂或其他损坏。

如果发动机遇到涡轮增压器故障、机油或碎片进入冷却器，必须清洁冷却器。

使用溶剂按正常空气流动的相反方向冲洗增压空气冷却器内部，摇晃冷却器，并用橡皮锤轻轻敲打以取出积存的碎片，持续冲洗直至清除所有的碎片或机油。

切勿使用腐蚀性清洁剂清洁增压空气冷却器，否则会导致冷却器损坏。

用热肥皂水冲洗冷却器内部以清除留下的溶剂，并用清水彻底漂洗。

待冷却器内部干透后将其安装到车辆上。

## 八、燃油箱

每工作 10h 或每日检查燃油箱油位（图 6-25）。

在每天作业结束时给燃油箱加油，以防出现冷凝，不应将燃油箱加得过满，应留出至少 5% 的空间。

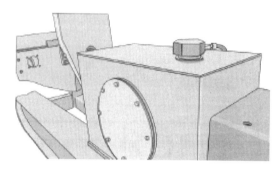

图 6-25　燃油箱

每工作 50h 或每周需要对燃油箱空气滤清器进行检查，发现有颗粒堵塞时，需对其进行清洗。

## 九、机棚

每工作 250h 或每三个月对机罩门铰链进行润滑，机罩门铰链共有 12 个润滑点。

## 十、电气系统

**（一）前、后限位开关**

每工作 10h 或每天检查前、后限位开关是否正常工作。

**（二）蓄电池**

每工作 250h 或每个月检查蓄电池，检查步骤如下：

（1）关闭发动机，从点火开关上取下钥匙。

（2）确认蓄电池上表面清洁、无杂物。

（3）检查电解液，如液位偏低，即添加净水或蒸馏水，使液位达到每格电池加液口的开口环槽处。

（4）检查接线柱是否锈蚀，如有锈蚀应及时清洗极柱。

（5）检查蓄电池电缆线有无损坏，更换已经损坏的电缆。

（6）检查蓄电池充电情况。如果蓄电池需要充电，应提供一台 12V 的蓄电池充电机供使用。

注意：

断开蓄电池极柱连接时，应先拆负极，后拆正极。而连接电缆线时，则应先接正极，后接负极。

更换蓄电池时，应注意将搭铁线与负极柱相接，正极电缆线与正极柱相接。

为防止蓄电池损坏，安装时不能将蓄电池压得过紧。

蓄电池的极柱必须保持清洁和紧固。为防止启动困难，应保持蓄电池电缆线的清洁和紧固。

为防止锈蚀，极柱上可喷一些防锈液，涂凡士林或少许润滑脂。

设备长期放置时，蓄电池应每隔 20 天进行一次充电。

在设备上进行焊接或焊接与机器搭接的部件时，应断开蓄电池，否则会导致电器元件的损坏。

## 十一、液压系统

### （一）液压油

每工作 10h 或每日检查液压油位一次。检查时应确认钻机停放在水平地面上。

如果油位低于液位计的红线标记时，则应向液压油箱中添加液压油，直至油位达到液位计上的最高刻度时为止，不应过满（图 6-26）。切忌液压油混用，即便是相同牌号的液压油，厂家不同也不允许混用。

液压油的首次更换时间为 1000h 或一年，定期更换时间为 2000h 或两年。

每次换油时必须更换液压油过滤器。当更换或添加液压油时，应先将发动机熄火，再缓慢旋松液压油箱顶部空气滤清器，释放该油箱内部的压力，防止热油飞溅造成烫伤。

当从液压油箱或滤清器中放油时，要始终用一只容器收集废油并正确处理。容器的容量应大于液压油量以免溢出。绝不允许直接将液压油排放到地面上。

### （二）液压油过滤器

液压油过滤器滤芯的更换时间为 250h 或每三个月更换一次液压油滤芯。

如不及时更换滤芯，液压油将得不到过滤，长时间运行会损坏液压泵、液压马达、阀等配套件，造成钻机操作系统的崩溃。

液压油滤芯位于液压油箱的顶部，更换时需要将油箱上面的机棚盖板拆除。

### （三）液压系统渗漏检查

每工作 10h 或每日检查液压软管和接头等有无渗漏或损坏（图 6-27）。

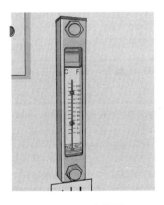 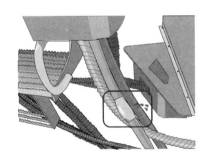

图 6-26　液位计　　　　　图 6-27　检查液压软管

当发现有局部膨胀、泄漏或损坏的现象时应及时更换。液压管路及元件进行维修前，必须卸压。

使用液压软管和接头已损坏的钻机，可能会造成人员伤亡。

液压系统在运行过程中油温较高，应防止烫伤。

禁止使用麻线、粘结剂和密封带作为液压系统的密封材料。

## 十二、泥浆泵

### （一）泥浆泵的维护保养

泥浆泵在每班开机前，均应按下述开泵前的准备工作进行逐条检查：

（1）泵工作压力应严格按标牌指示控制，在额定最大工作压力下连续工作时间不得超过 1h，持续工作压力应控制在额定压力的 80% 以内（指介质为浓泥浆时）；

（2）活塞与缸套的配合要注意松紧适度，不得泄漏冲洗液，否则应及时调整或者更换零件；

（3）橡胶件应存放在凉爽、干燥、温度变化小（室温在 10～25℃ 内）、光照暗、最好没有紫外线射入的室内（窗户玻璃涂红色或橙黄色，不能涂蓝色），存放时间最好不超过半年；

（4）拉杆、缸套、十字头滑套、十字头及进排水阀座等金属件应保存在干燥无腐蚀性气体房间内，并涂上防锈油或进行蜡封，使用时应除蜡并清洁干净，检查是否有碰伤和毛刺，特别是与橡胶件接触的工作表面，装配时要涂上润滑脂；

（5）长期停泵必须将泵的水和油全部放尽，清理各部件上的泥沙及污物，并将下列各零件涂上润滑脂：曲轴轴颈、变速轴、齿轮、十字头、十字头滑套、销轴、拉杆、阀盖、缸盖、阀座孔以及卸荷阀的阀杆和安全阀阀芯等；

（6）在寒冬季节或寒冷地区，停泵时间较长时必须将泵内及各管路中的冲洗液放出，以免冻裂设备。

为保证泥浆泵的正常运转，必须定期检查泵的工况，将发现的问题及时消除，避免发生事故，检修周期见表 6-3。

泥浆泵检修周期表 表 6-3

| 序号 | 检修部位 | 检修期限 |
| --- | --- | --- |
| 1 | 各部件之间的连接、泵在基础上的固定、泵体内润滑油的油位 | 每班进行一次 |
| 2 | 吸入、排出软管的紧固密封及是否堵塞 | 每班进行一次 |
| 3 | 活塞、拉杆与十字头紧固情况 | 每周至少进行一次 |
| 4 | 进排水阀、拉杆的防尘密封圈 | 按情况进行检查 |
| 5 | 连杆瓦、齿轮、安全阀 | 每两个月进行一次 |
| 6 | 拆卸清洗并检查各零部件 | 每半年进行一次 |

### （二）泥浆泵的润滑

泵的润滑非常重要，为保证泵能持续正常地工作，减少运动部件的磨损，应按表 6-4 所列定期进行润滑，新泵工作 500h 后泵体必须清洗换油。此后每间隔 1000h 更换泥浆泵机油 1 次。

泥浆泵的润滑 表 6-4

| 润滑部位名称 | 润滑油（脂）牌号 | 检修期限 |
| --- | --- | --- |
| 曲轴箱内齿轮、轴承 | 工业用 L-C1CD220 重负荷齿轮油 | 适合全年 |

**（三）泥浆泵易损件的拆卸与装配**

泵可以整机拆卸或局部拆卸，即在大修时可以整机拆卸，在检修或排除故障时可做局部拆卸。

（1）易损件的拆卸

1）活塞：先拆下缸盖压板螺母，松开缸套内拉杆的螺母和薄螺母，然后用拆活塞工具取出活塞。

2）缸套：先取下泵头，拆下活塞将专用工具顶板叉在拉杆与缸套之间，转动泵，利用拉杆将缸套顶出。

3）阀座：先拆下阀盖，用拆阀座工具把阀座拆下。

4）拉杆密封圈：缸套取出后，将拉杆与十字头连接松开，拆卸拉杆，然后打开拉杆密封上的压盖即可更换拉杆密封圈。

5）安全阀：打开上面的护罩，拧松调节螺杆，卸下阀盖，即可更换弹簧。

6）卸荷阀：先将手柄杆拆下来，再松开扁螺母和圆螺母及密封圈螺母等零件，即可更换 V 形密封圈、密封圈座、阀杆及阀等零件，松开阀体下面的连接螺栓，即可更换阀座。

（2）易损件的装配

曲轴轴承压盖只能对号入座，不能互换，螺栓螺母扭紧力矩为 120～140N·m。

连杆螺钉的扭紧力矩为 80～100N·m，并用止动垫圈止动。

有连接螺栓螺母均应拧紧，不得有松动现象存在。

在组装进排水阀座时应特别注意阀座孔与阀座配合面不允许有任何夹杂物，阀座装入打紧后不允许有松动现象。

**（四）泥浆系统的冲洗**

每次使用完设备均应对泥浆系统进行冲洗。

冲洗方法：泥浆泵吸收口端接入清水，使泥浆泵运转 5min 左右，直至动力头出水口流出的水为清水为止。

每次清洗完泥浆系统均应将泥浆泵内的水排放干净。泥浆泵下方有三个放水孔，将螺栓拆除即可放水，放水过程中需托起内部钢球，将上腔内水排出。

泥浆管路放水口（图 6-28）：每次清洗完泥浆系统均应将管路内部的水排放干净。

将钻机的后支腿撑起，使钻架侧面的放水接头处于最低点，并拧下螺塞即可将水排出。

注意：冬期施工不放水会导致泵体冻裂。

**（五）高压清洗装置**

每一个工程结束后均需要对设备及工具进行冲洗（图 6-29）。

步骤如下：

（1）准备好清水，将快速接头连接牢靠；

（2）启动发动机；

（3）关闭球阀；

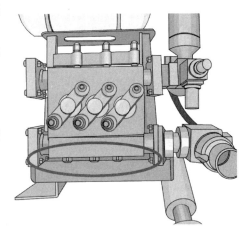

图 6-28 泥浆管路放水口

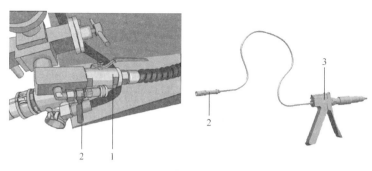

图 6-29 高压清洗装置

1—球阀；2—快速接头；3—水枪手柄

（4）按住水枪手柄即可清洗设备；

（5）设备清洗好后将快速接头断开。

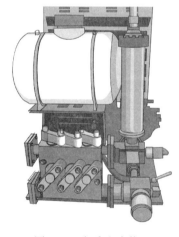

图 6-30 冬季防冻装置

**（六）冬季防冻装置**

当外界温度低于 0℃ 时，必须为泥浆系统做好防冻准备（图 6-30）。

钻机不用时或每日工作结束后，需要向泥浆系统中冲入一定量的防冻液，以免系统被冻坏。

具体步骤如下：

（1）向防冻液罐内加注 30L 防冻液；

（2）开启单向阀；

（3）启动发动机，开启泥浆泵，当防冻液从动力头钻铤流出后，关闭泥浆泵；

（4）收集、储存或正确处理使用过的防冻液。

**（七）泥浆泄漏检查**

每次设备工作前均应运行泥浆泵，检查泥浆系统各管路、接头连接处是否有渗漏现象。

**（八）旋转接头**

每工作 10h 或每日需对旋转接头进行润滑（图 6-31）。

## 十三、支腿

每工作 250h 或每月需对支腿进行润滑（图 6-32）。

## 十四、紧固件

每工作 50h 或每周需要对设备重要位置的螺栓紧固件进行检查。

重要部件：底盘、动力头、虎钳、发动机、泥浆泵、随车吊。

每工作 250h 或每月需要对整车的紧固件进行检查。

图 6-31 旋转接头润滑点

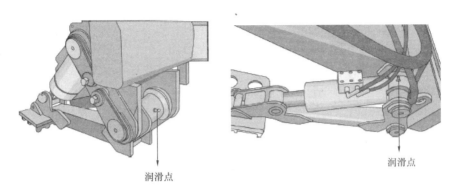

图 6-32　支腿润滑点

## 十五、空调

空调定期保养见表 6-5。

无论空调系统是否使用，均应定期对管路和其他装置进行检查维护。

如数月不使用空调，应每月开动空调一次，每次约 10min，以利于系统正常运行。

空调定期保养表　　　　　　　　　　　　　　　　　　表 6-5

| 系统部件 | | 维护工作 | 维护周期 | | |
|---|---|---|---|---|---|
| | | | 每月 | 半年 | 每年 |
| 制冷系统 | 制冷管路 | 检查管路磨损和完好情况 | | ◆ | |
| | 接头 | 检查有无泄漏（泄漏一般有油迹） | | | ◆ |
| | 冷凝器 | 检查散热片的状况 | | ◆ | |
| | 储液器 | 检查使用状况或更换 | | | ◆ |
| | 制冷剂 | 通过观察窗检查制冷剂状况 | ◆ | | |
| | 空调器主体 | 检查主体固定安装状况（应无松动） | | | ◆ |
| | 系统密封 | 检查车体和空调密封 | | | ◆ |
| 压缩机 | 电磁离合器 | 检查离合器吸合状况 | | ◆ | |
| | 皮带 | 检查皮带完好和张紧度 | | | ◆ |
| | 固定支架 | 检查固定安装状况 | | | ◆ |
| | 压缩机运转 | 检查运转声音有无异常 | ◆ | | |
| 电路系统 | 电线 | 检查线路磨损和完好状况 | | ◆ | |

冬季暖风系统须加防冻液，防止芯体冻裂。

## 十六、灭火器

（1）干粉灭火器应放置在通风、干燥、阴凉并取用方便的地方，环境温度以 −10～45℃为宜。应避开高温、潮湿和腐蚀严重的场合，以防止干粉灭火剂结块、分解。

（2）每月检查干粉有无结块现象、密封件和安全阀有无损坏。

（3）每半年检查灭火器的压力表指针是否在绿色区域，若指针在红色区域，则表明灭火器筒内的压力已低于规定值，应查明原因，检修后重新灌装。

（4）干粉灭火器一经开启必须再充装。再充装时，绝对不能变换干粉灭火剂的种类，如碳酸氢钠干粉灭火剂不能换装磷酸铵盐干粉灭火剂。

（5）每隔3年应进行1.5倍设计压力的水压试验。试验时，应测定残余变形率，其值不得大于6％。试验后，应进行壁厚测定，其值不得小于不包括腐蚀裕度在内的筒体厚度。检查合格者，应在灭火器筒体的肩部用钢印打上试验日期和试验单位代号。

### 十七、安全标识维护

设备上的安全标识能够帮助操作人员安全、正确地操作机器，为确保安全标识在正确的位置并处于完好的状态，应遵循以下要求：

（1）保持安全标识的清洁；

（2）更换安全标识时，要在原安装位置安装，并保持安装面清洁、干燥。

### 十八、焊接注意事项

焊接前，务必断开电源总开关、PLC线束、显示器线束、GPS线束，防止在焊接过程中产生的杂散电流和电压损坏电器元件。

### 十九、其他注意事项

（1）发动机保养说明详见发动机使用说明书。

（2）随车吊保养说明详见随车吊操作说明与保养手册。

# 附录一　施工作业现场常见安全标志

住房和城乡建设部发布行业标准《建筑工程施工现场标志设置技术规程》JGJ 348—2014，自 2015 年 5 月起实施。其中，第 3.0.2 条为强制性条文，必须严格执行。

施工现场安全标志的类型、数量应根据危险部位的性质，分别设置不同的安全标志。建筑工程施工现场的下列危险部位和场所应设置安全标志：

（1）通道口、楼梯口、电梯口和孔洞口。

（2）基坑和基槽外围、管沟和水池边沿。

（3）高差超过 1.5m 的临边部位。

（4）爆破、起重、拆除和其他各种危险作业场所。

（5）爆破物、易燃物、危险气体、危险液体和其他有毒有害危险品存放处。

（6）临时用电设施和施工现场其他可能导致人身伤害的危险部位或场所。

施工单位应当在施工现场入口、施工起重机械、临时用电设施、脚手架、出入通道口、楼梯口、电梯井口、孔洞口、桥梁口、隧道口、基坑边缘、爆破物及有害危险气体和液体存放处等危险部位，设置明显的安全警示标志。

施工现场内的安全设施、设备、标志等，任何人不得擅自移动、拆除。因施工需要必须移动或拆除时，必须经项目经理同意并办理相关手续后，方可实施。

安全标志是指在操作中容易产生错误，易造成事故的场所，为了确保安全，所设置的一种标志。此标志由安全色、几何图形复合构成，是用以表达特定安全信息的特殊标志。设置安全标志的目的，是为了引起人们对不安全因素的注意，预防事故发生。安全标志包括：

（1）禁止标志：不准或制止人的某种行为（图形为黑色，禁止符号与文字底色为红色）。

（2）警告标志：使人注意可能发生的危险（图形警告符号及字体为黑色，图形底色为黄色）。

（3）指令标志：告诉人必须遵守的行为（图形为白色，指令标志底色均为蓝色）。

（4）提示标志：向人提示目标和方向。

安全色是表达安全信息的颜色，表示禁止、警告、指令、提示等意义，其作用在于使人能迅速发现或分辨安全标志，提醒人员注意，预防事故发生。安全色包括：

（1）红色：表示禁止、停止、消防和危险。

（2）黄色：表示注意、警告。

（3）蓝色：表示指令、必须遵守的规定。

（4）绿色：表示通行、安全并提供信息。

专用标志是结合建筑工程施工现场特点，总结施工现场标志设置的共性所提炼的。专用标志的内容应简单、易懂、易识别；应使从事建筑工程施工的从业人员均可准确无误地识别，所传达的信息独一无二，不能产生歧义。其设置的目的是引起人们对不安全因素的注意并规范施工现场标志的设置，达到施工现场安全文明施工。专用标志可分为名称标志、导向标志、制度标志和标线4种类型。

多个安全标志在同一处设置时，应按禁止、警告、指令、提示类型的顺序，先左后右、先上后下地排列。出入施工现场应遵守安全规定，认知标志、保障安全是实习阶段最应关注的事项。学员和教员均应注意学习施工现场安全管理规定、设备与自我防护知识、成品保护知识、临近作业和交叉作业安全规定等；尤其应了解和认知施工现场安全常识、现场标志，遵守管理规定。

常见标准如下：

《安全色》GB 2893—2008；

《安全标志及其使用导则》GB 2894—2008；

《道路交通标志和标线 第2部分：道路交通标志》GB 5768.2—2009；

《消防安全标志 第1部分：标志》GB 13495.1—2015；

《消防安全标志设置要求》GB 15630—1995；

《消防应急照明和疏散指示系统》GB 17945—2010；

《建筑工程施工现场标志设置技术规程》JGJ 348—2014；

《建筑机械使用安全技术规程》JGJ 33—2012；

《施工现场机械设备检查技术规范》JGJ 160—2016。

## 第一节  禁止标志

施工现场禁止标志的名称、图形符号、设置范围和地点的规定见附表1-1。

禁止标志 附表 1-1

| 名称 | 图形符号 | 设置范围和地点 | 名称 | 图形符号 | 设置范围和地点 |
|---|---|---|---|---|---|
| 禁止通行 | 禁止通行 | 封闭施工区域和有潜在危险的区域 | 禁止停留 | 禁止停留 | 存在对人体有危害因素的作业场所 |
| 禁止跨越 | 禁止跨越 | 施工沟槽等禁止跨越的场所 | 禁止吸烟 | 禁止吸烟 | 禁止吸烟的木工加工场等场所 |

续表

| 名称 | 图形符号 | 设置范围和地点 | 名称 | 图形符号 | 设置范围和地点 |
|------|---------|--------------|------|---------|--------------|
| 禁止跳下 | 禁止跳下 | 脚手架等禁止跳下的场所 | 禁止烟火 | 禁止烟火 | 禁止烟火的油罐、木工加工场等场所 |
| 禁止乘人 | 禁止乘人 | 禁止乘人的货物提升设备 | 禁止放易燃物 | 禁止放易燃物 | 禁止放易燃物的场所 |
| 禁止踩踏 | 禁止踩踏 | 禁止踩踏的现浇混凝土等区域 | 禁止用水灭火 | 禁止用水灭火 | 禁止用水灭火的发电机、配电房等场所 |
| 禁止碰撞 | 禁止碰撞 | 易有燃气积聚，设备碰撞产生火花易发生危险的场所 | 禁止攀登 | 禁止攀登 | 禁止攀登的桩机、变压器等危险场所 |
| 禁止挂重物 | 禁止挂重物 | 挂重物易发生危险的场所 | 禁止靠近 | 禁止靠近 | 禁止靠近的变压器等危险区域 |
| 禁止入内 | 禁止入内 | 禁止非工作人员入内和易造成事故或对人员产生伤害的场所 | 禁止启闭 | 禁止启闭 | 禁止启闭的电气设备处 |

续表

| 名称 | 图形符号 | 设置范围和地点 | 名称 | 图形符号 | 设置范围和地点 |
|---|---|---|---|---|---|
| 禁止吊物下通行 | 禁止吊物下通行 | 有吊物或吊装操作的场所 | 禁止合闸 | 禁止合闸 | 禁止电气设备及移动电源开关处 |
| 禁止转动 | 禁止转动 | 检修或专人操作的设备附近 | 禁止堆放 | 禁止堆放 | 堆放物资影响安全的场所 |
| 禁止触摸 | 禁止触摸 | 禁止触摸的设备货物体附近 | 禁止挖掘 | 禁止挖掘 | 地下设施等禁止挖掘的区域 |
| 禁止戴手套 | 禁止戴手套 | 戴手套易造成手部伤害的作业地点 | | | |

## 第二节　警告标志

施工现场警告标志的名称、图形符号、设置范围和地点的规定见附表1-2。

警告标志                                                   附表 1-2

| 名称 | 图形符号 | 设置范围和地点 | 名称 | 图形符号 | 设置范围和地点 |
|---|---|---|---|---|---|
| 注意安全 | 注意安全 | 易造成人员伤害的场所 | 当心爆炸 | 当心爆炸 | 易发生爆炸危险的场所 |

| 名称 | 图形符号 | 设置范围和地点 | 名称 | 图形符号 | 设置范围和地点 |
|---|---|---|---|---|---|
| 当心火灾 | 当心火灾 | 易发生火灾的危险场所 | 当心跌落 | 当心跌落 | 建筑物边沿、基坑边沿等易跌落场所 |
| 当心坠落 | 当心坠落 | 易发生坠落事故的作业场所 | 当心伤手 | 当心伤手 | 易造成手部伤害的场所 |
| 当心碰头 | 当心碰头 | 易碰头的施工区域 | 当心机械伤人 | 当心机械伤人 | 易发生机械卷人、轧伤、碾伤、剪切等机械伤害的作业场所 |
| 当心绊倒 | 当心绊倒 | 地面高低不平易绊倒的场所 | 当心扎脚 | 当心扎脚 | 易造成足部伤害的场所 |
| 当心障碍物 | 当心障碍物 | 地面有障碍物并易造成人的伤害的场所 | 当心落物 | 当心落物 | 易发生落物危险的区域 |
| 当心车辆 | 当心车辆 | 车、人混合行走的区域 | 当心塌方 | 当心塌方 | 有塌方危险的区域 |

| 名称 | 图形符号 | 设置范围和地点 | 名称 | 图形符号 | 设置范围和地点 |
|---|---|---|---|---|---|
| 当心触电 | **当心触电** | 有可能发生触电危险的场所 | 当心冒顶 | **当心冒顶** | 有冒顶危险的作业场所 |
| 注意避雷 | 避雷装置 **注意避雷** | 易发生雷电电击的区域 | 当心吊物 | **当心吊物** | 有吊物作业的场所 |
| 当心滑倒 | **当心滑倒** | 易滑倒场所 | 当心噪声 | **当心噪声** | 噪声较大易对人体造成伤害的场所 |
| 当心坑洞 | **当心坑洞** | 有坑洞易造成伤害的场所 | 注意通风 | **注意通风** | 通风不良的有限空间 |
| 当心飞溅 | **当心飞溅** | 有飞溅物质的场所 | 当心自动启动 | **当心自动启动** | 配有自动启动装置的设备处 |

## 第三节　指令标志

施工现场指令标志的名称、图形符号、设置范围和地点的规定见附表1-3。

指令标志

| 名称 | 图形符号 | 设置范围和地点 | 名称 | 图形符号 | 设置范围和地点 |
|---|---|---|---|---|---|
| 必须戴防毒面具 | 必须戴防毒面具 | 通风不良的有限空间 | 必须戴防护耳罩 | 必须戴防护耳罩 | 噪声较大易对人体造成伤害的场所 |
| 必须戴防护面罩 | 必须戴防护面罩 | 有飞溅物质等对面部有伤害的场所 | 必须戴防护眼镜 | 必须戴防护眼镜 | 有强光等对眼睛有伤害的场所 |
| 必须消除静电 | 必须消除静电 | 有静电火花会导致灾害的场所 | 必须穿防护鞋 | 必须穿防护鞋 | 具有腐蚀、灼烫、触电、刺伤、砸伤风险的场所 |
| 必须戴安全帽 | 必须戴安全帽 | 施工现场 | 必须系安全带 | 必须系安全带 | 高处作业的场所 |
| 必须戴防护手套 | 必须戴防护手套 | 具有腐蚀、灼烫、触电、刺伤、砸伤风险的场所 | 必须用防爆工具 | 必须用防爆工具 | 有静电火花会导致灾害的场所 |

## 第四节　提示标志

施工现场提示标志的名称、图形符号、设置范围和地点的规定见附表 1-4。

| 名称 | 图形符号 | 设置范围和地点 | 名称 | 图形符号 | 设置范围和地点 |
|---|---|---|---|---|---|
| 动火区域 | | 施工现场规定的可以使用明火的场所 | 应急避难场所 | | 容纳危险区域内疏散人员的场所 |
| 避险处 | | 躲避危险的场所 | 紧急出口 | | 用于安全疏散的紧急出口处，与方向箭头结合设置在通向紧急出口的通道处（一般应指示方向） |

## 第五节　导向标志

施工现场导向标志的名称、图形符号、设置范围和地点的规定见附表 1-5。

| 名称 | 图形符号 | 设置范围和地点 | 名称 | 图形符号 | 设置范围和地点 |
|---|---|---|---|---|---|
| 直行 | | 道路边 | 向右转弯 | | 道路交叉口前 |

续表

| 名称 | 图形符号 | 设置范围和地点 | 名称 | 图形符号 | 设置范围和地点 |
|------|---------|--------------|------|---------|--------------|
| 向左转弯 | | 道路交叉口前 | 停车位 | | 停车场前 |
| 靠左侧道路行驶 | | 须靠左行驶前 | 减速让行 | | 道路交叉口前 |
| 靠右侧道路行驶 | | 须靠右行驶前 | 禁止驶入 | | 禁止驶入路段入口处前 |
| 单行路（按箭头方向向左或向右） | | 道路交叉口前 | 禁止停车 | | 施工现场禁止停车区域 |
| 单行路（直行） | | 允许单行路前 | 禁止鸣笛 | | 施工现场禁止鸣喇叭区域 |
| 人行横道 | | 人穿过道路前 | 限制速度 | | 施工现场出入口等需要限速处 |
| 限制质量 | | 道路、便桥等限制质量地点前 | 限制宽度 | | 道路宽度受限处 |
| 限制高度 | | 道路、门框等高度受限处 | 停车检查 | | 施工车辆出入口处 |
| 慢行 | | 施工现场出入口、转弯处等 | 上陡坡 | | 施工区域陡坡处，如基坑施工处 |

| 名称 | 图形符号 | 设置范围和地点 | 名称 | 图形符号 | 设置范围和地点 |
|---|---|---|---|---|---|
| 向左急转弯 | | 施工区域向左急转弯处 | 下陡坡 | | 施工区域陡坡处，如基坑施工处 |
| 向右急转弯 | | 施工区域向右急转弯处 | 注意行人 | | 施工区域与生活区域交叉处 |

## 第六节　制度标志

施工现场制度标志的名称、设置范围和地点的规定见附表1-6。

制度标志　　　　　　　　　　　附表1-6

| 序号 | 名称 | | 设置范围和地点 |
|---|---|---|---|
| 1 | 管理制度标志 | 工程概况标志牌 | 施工现场大门入口处和相应办公场所 |
| | | 主要人员及联系电话标志牌 | |
| | | 安全生产制度标志牌 | |
| | | 环境保护制度标志牌 | |
| | | 文明施工制度标志牌 | |
| | | 消防保卫制度标志牌 | |
| | | 卫生防疫制度标志牌 | |
| | | 门卫制度标志牌 | |
| | | 安全管理目标标志牌 | |
| | | 施工现场平面图标志牌 | |
| | | 重大危险源识别标志牌 | |
| | | 材料、工具管理制度标志牌 | 仓库、堆场等处 |
| | | 施工现场组织机构标志牌 | 办公室、会议室等处 |
| | | 应急预案分工图标志牌 | |
| | | 施工现场责任表标志牌 | |
| | | 施工现场安全管理网络图标志牌 | |
| | | 生活区管理制度标志牌 | 生活区 |
| 2 | 操作规程标志 | 施工机械安全操作规程标志牌 | 施工机械附近 |
| | | 主要工种安全操作标志牌 | 各工种人员操作机械附近和工种人员办公室 |

| 序号 | 名称 | | 设置范围和地点 |
|---|---|---|---|
| 3 | 岗位职责标志 | 各岗位人员职责标志牌 | 各岗位人员办公和操作场所 |

## 第七节　现场标线

施工现场标线的名称、图形符号、设置范围和地点的规定见附表1-7、附图1-1。

标线                                                       附表 1-7

| 名称 | 图形符号 | 设置范围和地点 |
|---|---|---|
| 禁止跨越标线 | | 危险区域的地面 |
| 警告标线(斜线倾角为45°)(黑黄相间) | | 易发生危险或可能存在危险的区域,设在固定设施或建(构)筑物上 |
| 警告标线(斜线倾角为45°)(红白相间) | | |
| 警告标线(斜线倾角为45°)(红黄相间) | | |
| 警告标线 | | 易发生危险或可能存在危险的区域,设在移动设施上 |
| 禁止带 | 高压危险 | 危险区域 |

临边防护标线示意
(标线附在地面和防护栏上)

脚手架剪刀撑标线示意
(标线附在剪刀撑上)

电梯井立面防护标线示意
(标线附在防护栏上)

附图 1-1　标线

## 第八节　名称标志

名称标志可分为施工区域名称标志、生活区域名称标志和办公区域名称标志。其名称、设置范围和地点的规定见附表1-8。

名称标志        附表 1-8

| 序号 | 名称 | | 设置范围和地点 |
|---|---|---|---|
| 1 | 施工区 | 配电房 | 施工区域入口 |
| | | 材料库区 | |
| | | 泥浆拌制区 | |
| | | 钢筋加工及堆放区 | |
| | | 机械作业区 | |
| 2 | 办公区 | 工程部 | 办公室门框上部或门中上部 |
| | | 技术部 | |
| | | 经营部 | |
| | | 总经理办公室 | |
| 3 | 生活区 | 供热锅炉房 | 生活区域入口 |

名称标志示例：

# 第九节　道路施工作业安全标志

道路施工作业安全标志的名称、图形符号、设置范围和地点的规定见附表 1-9。

道路施工作业安全标志        附表 1-9

| 名称 | 图形符号 | 设置范围和地点 | 名称 | 图形符号 | 设置范围和地点 |
|---|---|---|---|---|---|
| 前方施工 | 前方施工 1km<br>前方施工 300m | 道路边 | 锥形交通标志 | | 路面上 |
| 右道封闭 | 右道封闭 300m<br>右道封闭 | 道路边 | 道路封闭 | 道路封闭<br>道路封闭 300m | 道路边 |

续表

| 名称 | 图形符号 | 设置范围和地点 | 名称 | 图形符号 | 设置范围和地点 |
|---|---|---|---|---|---|
| 中间道路封闭 | 中间封闭　中间封闭 300m | 道路边 | 左道封闭 | 左道封闭 300m　左道封闭 | 道路边 |
| 向左行驶 | | 路面上 | 施工路栏 | | 路面上 |
| 向左改道 | 向左改道 | 道路边 | 向右行驶 | | 路面上 |
| | | | 向右改道 | 向右改道 | 道路边 |
| 道口标柱 | | 路面上 | 移动性施工标志 | | 路面上 |

# 附录二 常见故障及排除方法对照表

## 一、虎钳常见故障及排除（附表 2-1）

虎钳故障 附表 2-1

| 故障现象 | 故障原因 | 排除方法 |
|---|---|---|
| 卸扣困难 | 虎牙磨损严重 | 更换虎牙 |
| | 液压油缸内泄 | 修复或更换 |
| | 溢流阀损坏 | 修复或更换 |
| | 电磁阀卡阀 | 修复或更换 |
| | 钻杆扭矩过大 | 降低钻杆扭矩 |
| | 丝扣油不合格 | 更换丝扣油 |
| | 钻杆螺纹有异物 | 清理钻杆螺纹 |

## 二、动力头常见故障及排除（附表 2-2）

动力头故障 附表 2-2

| 故障现象 | 故障原因 | 排除方法 |
|---|---|---|
| 油封渗漏油 | 骨架油封损坏 | 更换骨架油封 |
| | 主轴表面损伤 | 更换主轴和骨架油封 |
| | 主轴轴承损坏 | 更换轴承 |
| 动力头异响 | 马达损坏 | 修复或更换 |
| | 润滑油液较脏 | 清理并更换润滑油 |
| | 减速机损坏 | 修复或更换 |
| | 齿轮表面损坏 | 更换 |
| | 轴承损坏 | 更换 |
| 减速机高温 | 减速机损坏 | 修复或更换 |
| | 润滑油液较脏 | 清理并更换润滑油 |
| | 润滑油较少 | 添加润滑油 |

## 三、发动机常见故障及排除（附表 2-3）

发动机故障 附表 2-3

| 故障现象 | 故障原因 | 排除方法 |
|---|---|---|
| 启动困难 | 电瓶电压过低 | 充电或更换 |
| | 燃油不足 | 添加燃油 |
| | 燃油滤清器内脏污较多 | 更换 |
| | 空气滤清器内脏污较多 | 更换 |
| | 燃油管路松动 | 拧紧并排气 |

续表

| 故障现象 | 故障原因 | 排除方法 |
|---|---|---|
| 功率不足（掉转速） | 燃油不足 | 添加燃油 |
| | 燃油滤清器内脏污较多 | 更换 |
| | 空气滤清器内脏污较多 | 更换 |
| | 燃油管路松动 | 拧紧并排气 |
| | 机油压力异常 | 更换 |
| 冷却液高温 | 散热器芯体表面堵塞 | 清理 |
| | 冷却风扇扇叶损坏 | 更换 |
| | 冷却液缺少 | 添加冷却液 |
| | 机油油位过低 | 添加机油 |
| | 发动机水泵损坏 | 修复或更换 |
| | 发动机节温器损坏 | 修复或更换 |

## 四、液压系统常见故障及排除

### （一）按部件系统分类及排除（附表 2-4）

液压系统故障

附表 2-4

| 部件系统 | 故障现象 | 原因分析 | 排除方法 | 备注 |
|---|---|---|---|---|
| | | 液压故障及排除 | | |
| 旋转系统 | 旋转压力不足 | 旋转泵损坏 | 更换泵 | 严重 |
| | | 旋转控制手柄损坏 | 更换控制手柄 | 严重 |
| | | PLC 程序损坏 | 程序更新 | 重要 |
| | | 马达损坏 | 更换马达 | 严重 |
| | | 旋转压力设置小 | 重新设置旋转压力 | 一般 |
| | 动力头无正转或无反转 | PLC 控制器损坏 | 更换控制器 | 严重 |
| | | 旋转泵电磁阀卡死或未得电 | 清洗或更换/检查电路 | 重要 |
| | | 旋转伺服缸卡死 | 更换泵或由专业厂家进行修复 | 严重 |
| | 动力头旋转速度不够 | 旋转高速电位计损坏 | 更换 | 一般 |
| | | PLC 控制器损坏 | 更换 | 一般 |
| | | 高速电磁阀没有正常得电或阀芯卡死 | 检查电路/清洗或更换电磁阀 | 一般 |
| 钻进系统 | 钻进压力不足 | 推拉泵损坏 | 更换泵 | 严重 |
| | | 推拉阀安全阀损坏 | 溢流阀调到正确压力值或将其更换 | 一般 |
| | | 推拉阀模块损坏或先导电磁阀不得电 | 检查电路/清洗或更换电模块 | 重要 |
| | 无钻进或无后退动作 | 先导阀阀芯或主阀阀芯卡死或不得电 | 检查电路/清洗或更换电模块或更换操作阀 | 重要 |
| | | 旋转补油泵磨损 | 检查旋转补油泵压力 | 重要 |
| | | 推拉阀先导阀损坏 | 更换先导阀 | 重要 |
| | 钻进速度不够 | 推拉加速电磁阀卡死或未得电 | 清洗或更换电磁阀/检查电路 | 一般 |
| | | 推拉马达高速阀未得电或阀芯卡死 | 清洗或更换电磁阀/检查电路 | 一般 |

| 液压故障及排除 | | | | |
|---|---|---|---|---|
| 部件系统 | 故障现象 | 原因分析 | 排除方法 | 备注 |
| 虎钳系统 | 虎钳无压力或无动作 | 泵损坏 | 更换泵 | 严重 |
| | 虎钳单一动作无压力 | 对应电磁阀损坏/电磁阀未得电/虎钳液压油缸内漏 | 清洗或更换电磁阀/检查电路/更换油封或液压油缸 | 一般 |
| | 前虎牙不对中 | 分流阀损坏/液压油缸内漏 | 更换分流阀/更换油管密封或液压油缸 | 重要 |
| 行走系统 | 行走不动作或行走缓慢 | 行走操作阀安全阀损坏(32t及以下) | 溢流阀调到正确压力值或将其更换 | 一般 |
| | | 行走泵泄漏大 | 更换泵 | 严重 |
| | | 行走阀先导电模块卡死或未得电(50t及以上) | 检查电路/清洗或更换电模块 | 重要 |
| | | 打开马达制动油路卡死 | 清洗油路 | 重要 |
| | 行走明显不同步 | 液压马达故障 | 马达内泄漏严重,更换 | 严重 |
| | | 行走减速机故障 | 壳体发热,更换减速机 | 严重 |
| 变幅系统 | 液压油缸无动作或动作缓慢 | 液压油缸油封损坏(外侧漏油) | 更换液压油缸密封 | 重要 |
| | 压力不足 | 对应溢流阀损坏 | 溢流阀调到正确压力值或将其更换 | 一般 |
| | | 对应泵损坏 | 更换泵 | 严重 |
| | 自动伸缩 | 液压锁卡死 | 清洗或更换 | 一般 |
| 液压油温升过快或过高 | | 液压油散热器表面积存污垢 | 清洗液压油散热器 | 一般 |
| | | 散热器齿轮泵或齿轮马达损坏 | 泵或马达有异响,泄漏,风扇转速明显不够,及时更换 | 严重 |
| | | 溢流阀升启过于频繁 | 钻进或旋转压力过大,载荷过人应改变钻进速度 | 一般 |

### (二)按故障类型分类

### 1. 无压力或压力很低(附表2-5)

**液压系统无压力或压力很低故障**　　　　　　　附表 2-5

| 部件 | 原因 | 措施 |
|---|---|---|
| 液压泵 | 液压油箱截止阀关闭 | 打开液压油箱底部的截止阀 |
| | 零件损坏 | 更换零件 |
| | 零件磨损,间隙过大,泄漏严重 | 修复或更换零件 |
| | 油面太低,液压泵吸空 | 补加油液 |
| | 吸油管路密封不严,造成吸空 | 拧紧接头,检查管路,加强密封 |
| | 压油管路密封不严,造成泄漏 | 拧紧接头,检查管路,加强密封 |

续表

| 部件 | 原因 | 措施 |
|------|------|------|
| 溢流阀 | 弹簧变形或折断 | 更换弹簧 |
| | 滑阀在开口位置卡住，无法建立压力 | 修理滑阀使其移动灵活 |
| | 锥阀或钢球与阀座密合不严 | 更换锥阀或钢球，配研阀座 |
| | 阻尼孔堵塞 | 清洗阻尼孔 |
| | 遥控口接回油箱 | 截断通油箱的油路 |
| 液压缸高低压腔相通 | | 修配活塞，更换密封件 |
| 系统中某些阀卸荷 | | 查明卸荷原因，采取相应措施 |
| 系统严重泄漏 | | 加强密封，防止泄漏 |
| 压力表损坏失灵，造成无压假象 | | 更换压力表 |
| 油液黏度过低，加剧系统泄漏 | | 提高油液黏度 |
| 温升过高，降低了油液黏度 | | 查明发热原因，采取相应措施或散热 |

## 2. 爬行（附表 2-6）

液压系统爬行故障　　　　　　　　　　　　　　　　　　附表 2-6

| 部件 | 原因 | 措施 |
|------|------|------|
| 混入空气 | 油面过低，吸油不畅 | 补加油液 |
| | 滤油器堵塞 | 更换滤芯 |
| | 密封不严，混入空气 | 更换密封 |
| | 机械停止运动时，液压缸油液流失 | 无需改进 |
| 油液不洁 | 污物卡住液动机，增加摩擦阻力 | 清洗液压元器件，更换油液或更换滤芯 |
| | 污物堵塞节流，引起流量变化 | 清洗液压阀，更换油液或更换滤芯 |
| 油液黏度不合适 | | 换用指定黏度的液压油 |
| 外部摩擦力 | 导轨等导向机构精度不高，接触不良 | 按规定刮研导轨，保证良好接触 |
| | 润滑条件不佳 | 改善润滑条件 |

## 3. 冲击（附表 2-7）

液压系统冲击故障　　　　　　　　　　　　　　　　　　附表 2-7

| 部件 | 原因 | 措施 |
|------|------|------|
| 液压缸 | 缓冲装置中单向阀失灵 | 修理缓冲装置单向阀 |
| | 缓冲柱塞锥度太小，间隙太小 | 按要求修理缓冲柱塞 |
| | 液压缸缓冲柱塞剧烈磨损，间隙过大 | 配置缓冲柱塞或活塞 |
| 节流阀开口过大 | | 调整节流阀 |
| 换向阀 | 换向阀或先导阀制动锥角度过大 | 减小制动锥角度或增加制动锥长度 |
| | 液动阀的控制液压流量过大 | 减小控制压力油的流量 |
| | 液动阀阻尼器调整不当 | 调整阻尼器中的节流开口 |
| | 滑阀运动快 | 修理滑阀 |

续表

| 部件 | 原因 | 措施 |
|---|---|---|
| 压力阀 | 工作压力调整太高 | 调整压力阀，适当降低工作压力 |
| | 溢流阀发生故障，压力突然升高 | 排除溢流阀故障 |
| | 背压阀压力过低 | 适当提高背压力 |
| 混入空气 | 系统密封不严，吸入空气 | 加强密封 |
| | 停机时液动机油液流失 | 回油管路设单向阀或背压阀，防止元件油液流失 |
| | 液压泵吸空 | 加强吸油管路密封，补足油液 |
| 油液黏度太低 | | 更换油液 |

## 4. 振动和噪声（附表2-8）

液压系统振动和噪声故障

附表2-8

| 部件 | 原因 | 措施 |
|---|---|---|
| 液压泵 | 油液不足，造成吸空 | 补足油液 |
| | 吸油管道密封不严，吸入空气 | 加强吸油管路的密封 |
| | 油液黏度太大，吸油困难 | 更换液压油 |
| | 工作温度太低 | 提高工作温度或油箱加热 |
| | 滤油器堵塞，吸油不畅 | 清洗滤油器 |
| | 联轴节松动 | 拧紧联轴节 |
| | 液压零件磨损 | 更换磨损的零件 |
| 溢流阀 | 阀座损坏 | 修复阀座 |
| | 阻尼孔堵塞 | 清洗阻尼孔 |
| | 阀芯与阀体间隙过大 | 更换阀芯，重配间隙 |
| | 弹簧疲劳或损坏，造成阀芯移动不灵活 | 更换弹簧 |
| | 阀体拉毛或污物卡住阀芯 | 去除毛刺，清洗污物，使阀芯移动顺畅 |
| | 实际流量超过额定值 | 选用流量较大的溢流阀 |
| | 与其他元件发生共振 | 调整压力避免共振，或改变振动系统的固有振动频率 |
| 换向阀 | 电磁铁吸不严 | 修理电磁铁 |
| | 阀芯卡住 | 清洗或修整阀体和阀芯 |
| | 电磁铁焊接不良 | 重新焊接 |
| | 弹簧损坏或过硬 | 更换弹簧 |
| 管路 | 由冲击引起振动和噪声 | 见附表2-7 |
| | 液压缸密封过紧或加工装配误差导致运动阻力大 | 适当调整密封松紧，更换或修理不合格零件，重新装配 |

### 5. 油温升高（附表 2-9）

液压系统油温升高故障

附表 2-9

| 原因 | 措施 |
|------|------|
| 在液压元器件的低效率区长时间工作 | 避免在液压元器件的低效率区长时间使用 |
| 施工速度快 | 降低施工速度 |
| 泄漏严重造成容积损失 | 加强密封 |
| 油液黏度过大 | 选用黏度低的液压油 |
| 由外界热源引起温升 | 隔绝热源 |

### 6. 泄漏（附表 2-10）

液压系统泄漏故障

附表 2-10

| 原因 | 措施 |
|------|------|
| 密封件损坏或装反 | 更换密封件，改正安装方向 |
| 管接头松动 | 拧紧管接头 |
| 单向阀钢球不圆，阀座损坏 | 更换钢球、阀座 |
| 相互运动表面间隙过大 | 更换某些零件，减小配合间隙 |
| 某些零件磨损 | 更换磨损的零件 |
| 某些铸件有气孔、砂眼等缺陷 | 更换铸件或修补缺陷 |
| 压力调整过高 | 降低工作压力 |
| 油液黏度太低 | 选用黏度较高的油液 |
| 工作温度太高 | 降低工作温度或采取冷却措施 |

## 五、电气系统常见故障及排除

### （一）发动机故障（附表 2-11）

发动机故障

附表 2-11

| 故障现象 | 故障原因 | 排除方法 |
|---------|---------|---------|
| 发动机不能启动 | 急停开关被按下 | 恢复急停开关 |
|  | 蓄电池电量不足 | 充电 |
|  | 启动开关损坏 | 修复或更换 |
|  | 保险丝损坏 | 更换 |
|  | 启动继电器损坏 | 更换 |
|  | 线路接头松脱 | 修复线路 |
|  | 供油电磁阀损坏 | 修复或更换 |
| 机油压力失常 | 机油不足 | 加油 |
|  | 压力表损坏 | 更换 |
|  | 压力传感器损坏 | 更换 |
|  | 线路接头松脱 | 修复线路 |

| 故障现象 | 故障原因 | 排除方法 |
|---|---|---|
| 水温指示失常 | 冷却液不足 | 加足冷却液 |
| | 传感器损坏 | 更换 |
| | 线路接头松脱 | 修复线路 |
| 转速指示不准 | 转速传感器损坏 | 更换 |
| | 转速传感器安装不牢 | 重新安装 |
| | 线路接头松脱 | 修复线路 |

## （二）行走控制系统故障（附表 2-12）

行走控制系统故障 附表 2-12

| 故障现象 | 故障原因 | 排除方法 |
|---|---|---|
| 机器不能行走 | 保险丝损坏 | 更换 |
| | 行走、工作选择开关损坏 | 修复或更换 |
| | 行走控制盒上的左右行走手柄损坏 | 修复或更换 |
| | 行走电磁阀损坏 | 修复或更换 |
| | 线路接头松脱 | 修复线路 |

## （三）开关控制系统故障（附表 2-13）

开关控制系统故障 附表 2-13

| 故障现象 | 故障原因 | 排除方法 |
|---|---|---|
| 虎钳阀无动作 | 保险丝损坏 | 更换 |
| | 翘板开关损坏 | 修复或更换 |
| | 电磁阀损坏 | 修复或更换 |
| | 线路接头松脱 | 修复线路 |
| 工作灯或仪表灯不亮 | 保险丝损坏 | 更换 |
| | 翘板开关损坏 | 修复或更换 |
| | 灯泡损坏 | 更换 |
| | 线路接头松脱 | 修复线路 |
| 动力头无推拉动作 | 保险丝损坏 | 更换 |
| | 推拉手柄损坏 | 修复或更换 |
| | 限位开关已动作 | 按强制开关后再操作手柄 |
| | 线路接头松脱 | 修复线路 |